L'ARTE DI **PAOLO CIRIO** NELLA SOCIETÀ DELL'INFORMAZIONE

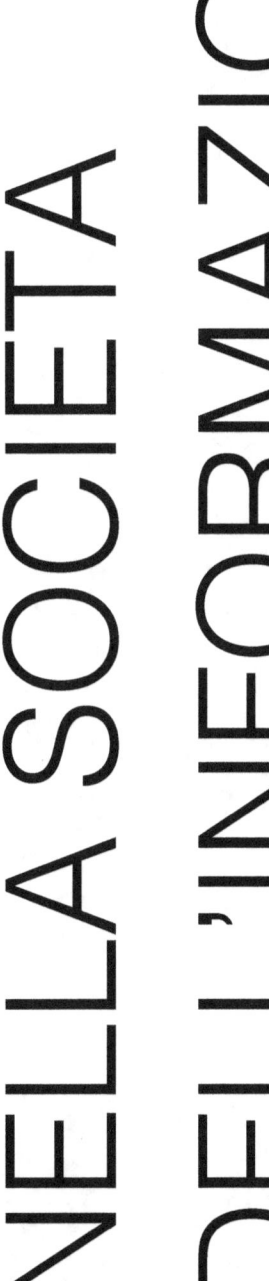

L'ARTE DI
PAOLO CIRIO
NELLA SOCIETÀ
DELL'INFORMAZIONE

PAOLO CIRIO

INVISIBLE/VISIBLE

Marina Guida

Invisibile/Visibile
Di Marina Guida, 2020
Mostra *Information Critique* al Palazzo delle Arti Napoli

> *"La visione è l'arte di vedere ciò che è invisibile agli altri".*
> *Jonathan Swift*

Invisibile/visibile, è con quest'ossimorico binomio che Paolo Cirio, artista concettuale e attivista torinese – o meglio hacktivista – costruisce le opere ed invita il pubblico, tramite la sua ricerca, ad una riflessione politico-sociale partecipata e attiva. Dalle sue investigazioni emerge una forte volontà di creare spazi di dialogo e azione attraverso il gesto artistico, realizzabili tramite la relazione e lo scambio partecipativo, che mira ad una presa di coscienza collettiva, la quale dovrebbe poi auspicabilmente generare una capacità di azione volta al cambiamento sociale, politico ed economico. Il suo progetto espositivo pensato per il PAN I Palazzo delle Arti di Napoli, si presenta come un affresco contemporaneo, un dispositivo articolato in sedici progetti che vanno dal 2005 al 2020, ovvero: *Derivatives* (2019), *Street Ghosts* (2012), *Attention* (2019), *Foundations* (2019), *Face to Facebook* (2011), *Overexposed* (2015), *Obscurity* (2016), *Global Direct* (2014), *Meaning* (2019), *World Currency* (2014), *P2P Gift Credit Cards - Gift Finance* (2010), *Open Society Structures* (2009), *Hacking Monopolism Trilogy Flowcharts* (2005-2011), *Sociality* (2018). Un corpus di lavori che coprono un arco temporale di quindici anni di ricerca, presentato con uno sguardo analitico ed un solido impianto concettuale. Nel percorso espositivo, che si snoda lungo sette sale, vengono presi in esame e decodificati i rapporti tra finanza internazionale e politica monetaria, i legami tra identità pubblica e privata, tra libertà e sorveglianza; l'annosa questione sulla privacy ed i suoi risvolti politici ed economici. Vengono analizzate e palesate attraverso la visualizzazione di immagini e diagrammi di flusso che rivelano strutture di potere, gli emblemi del tecnoliberismo imperante e della società contemporanea.

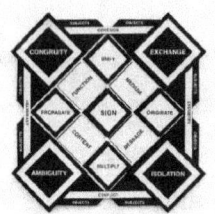 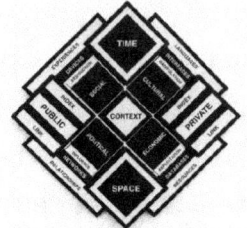 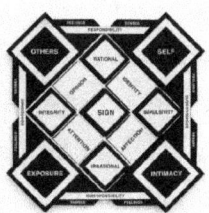

Paolo Cirio, Meaning, Galleria Giorgio Persano, Torino, 2019

Tramite una pluralità di mezzi espressivi, scultura, fotografia, performance mediatica, installazione, video – che costituiscono di fatto i documenti delle ricerche, invenzioni e azioni – l'artista dà forma ad una struttura performativa e visionaria in divenire, in cui le dimensioni di realtà, provocazione artistica e costruttivismo sociale coesistono in un legame dialettico. Fino ad ora la riflessione di Cirio sui meccanismi di controllo e gestione economica e politica globale, si è presentata per episodi espositivi. Ogni lavoro progettuale aveva una specifica funzione "tattica": l'indagine di un circoscritto segmento della realtà contemporanea e si presentava come una porta di accesso al software politico e sociale attuale, offrendo al fruitore la possibilità di analizzare le dinamiche e i meccanismi invisibili delle strategie che regolano, attraverso norme e convenzioni condivise, le azioni delle grandi corporation e le ricadute che queste generano sulla collettività.

Questa mostra invece, per la prima volta, presenta una visione d'insieme, nella quale le singole opere si compongono, temporaneamente, in un tessuto di relazioni e funzioni complementari. Campo privilegiato della ricerca di Paolo Cirio sono i media, la rete internet, le azioni e le logiche interne delle grandi corporation come Google, Amazon, Facebook, ma anche quelle delle agenzie internazionali come FBI, NSA, CIA. Con i suoi interventi, l'artista traccia una mappa intangibile, indica un almanacco mentale per immaginare un futuro diverso, fatto di democrazia diretta, alla quale si potrebbe giungere grazie ad un uso consapevole della rete, di condivisione del sapere, di rivoluzione monetaria; nelle sue investigazioni dei flussi di dati evidenzia le falle di sistema che minano il precario equilibrio capitalista e neoliberista; per farlo, utilizza l'investigazione, l'hackeraggio e la manipolazione del flusso di informazioni, riuscendo a creare così la sua scultura che è immateriale ma al tempo stesso molto concreta. Gli interventi tattici che mette in atto, sono in grado di veicolare messaggi sociali precisi, in maniera diretta e creativa, tali da sollecitare il senso critico, grazie al quale, il pubblico avrà modo di vedere ciò che prima non visualizzava e nemmeno immaginava possibile.

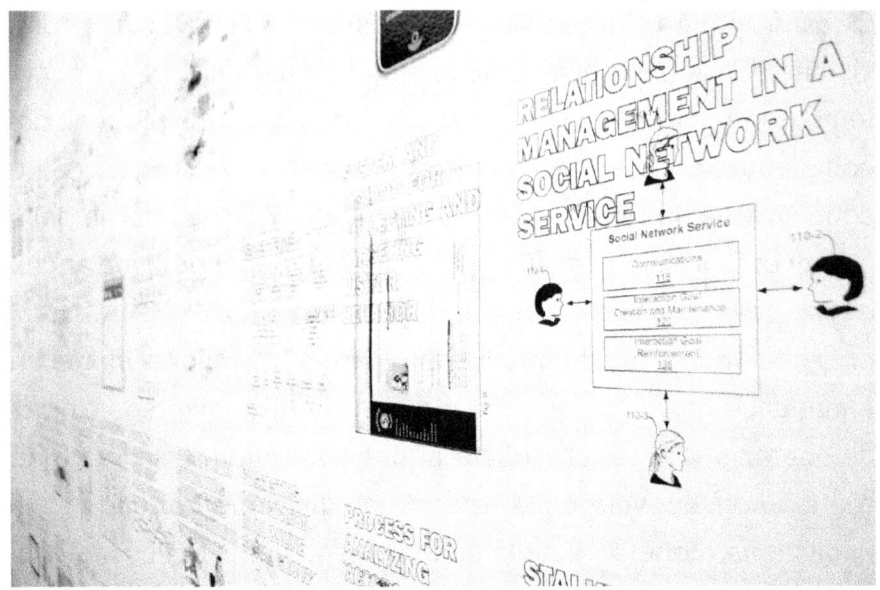

Paolo Cirio, Sociality, Galleria Giorgio Persano, Torino, 2019

Ogni progetto ha lunga gestazione che in alcuni casi può durare anni, i cui elementi costitutivi abbracciano diversi campi del sapere, che vanno dall'antropologia alla sociologia, dalla semiotica ad una solida conoscenza dei linguaggi di programmazione, dall'estetica alla filosofia politica, dalle leggi che regolano il marketing alle strategie monetarie globali, dalle neuroscienze al diritto internazionale. Questa mostra si presenta dunque come un grande puzzle retrospettivo, che fonde realtà, azione e reazione, analisi e costruzione, visione politica e provocazione di ascendenza situazionista, nel quale ogni singolo segmento espositivo contribuisce ad evidenziare la metodologia d'indagine della struttura della realtà e le azioni per modificarla che sono state messe in campo dall'artista negli anni e contribuisce ad ampliare la prospettiva verso un cambiamento di fase per un futuro possibile e comprendere il presente.

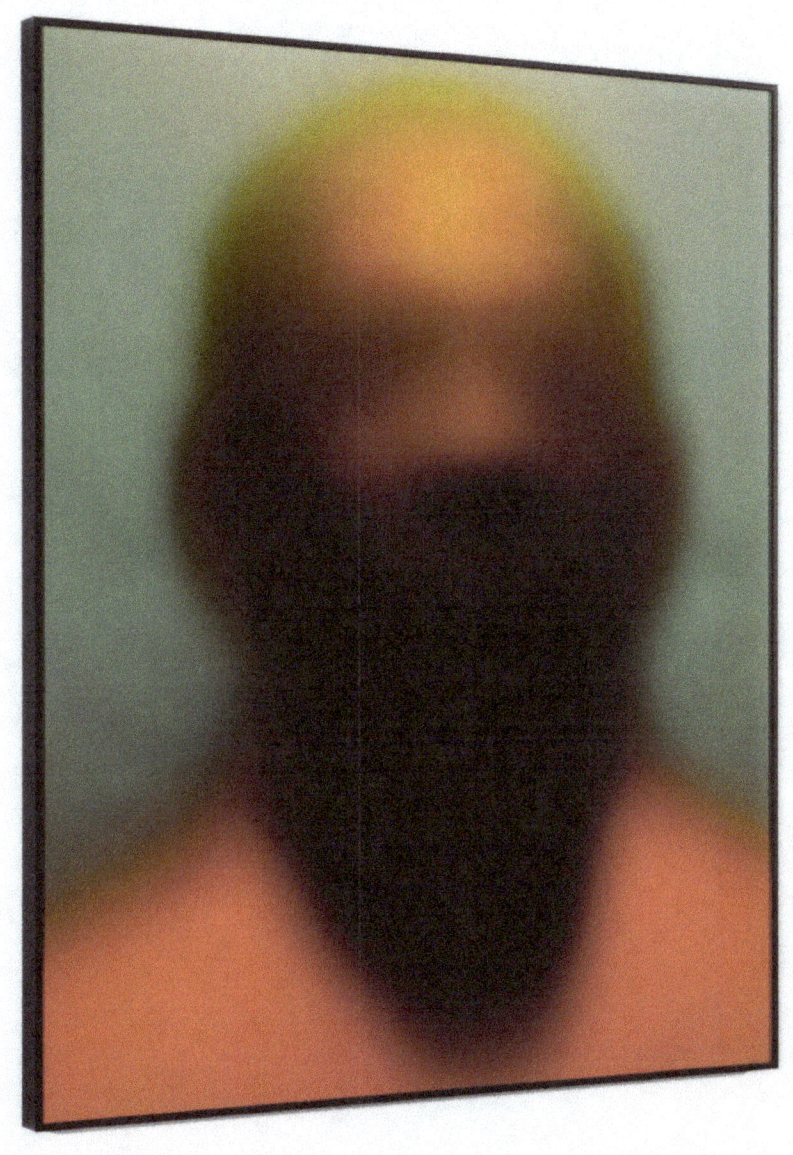

Paolo Cirio, *Overexposed, dettaglio, presso la Fondazione Sandretto Re Rebaudengo, Torino, 2019*

L'ASSANGE DELL'ARTE CHE NON È STATO PRESO IN RETE

Bruce Sterling

L'Assange dell'arte che non è stato preso in rete
Di Bruce Sterling, 2011
XL La Repubblica

Un tizio ha rubato un milione di profili da Facebook. Non è un ladro, ma un hacker artista che ha creato un software con cui ha preso 250 mila fotografie dal più importante social network e le ha messe in un sito improvvisato di incontri romantici. Il giro di informazioni del resto è cosa normale, visto che i dati personali che forniamo gratis a Facebook vengono spesso rivenduti a società interessate a "conoscerci meglio". Non ci pensate mai, e proprio per farvi riflettere su questo tema l'ingegnoso hacker, che si chiama Paolo Cirio ed è un trentenne di Torino, ha eseguito questo spettacolare furto, utilizzando poi il suo bottino di immagini per l'installazione *Face To Facebook* durante Transmediale, un importante evento che si tiene ogni anno a Berlino.

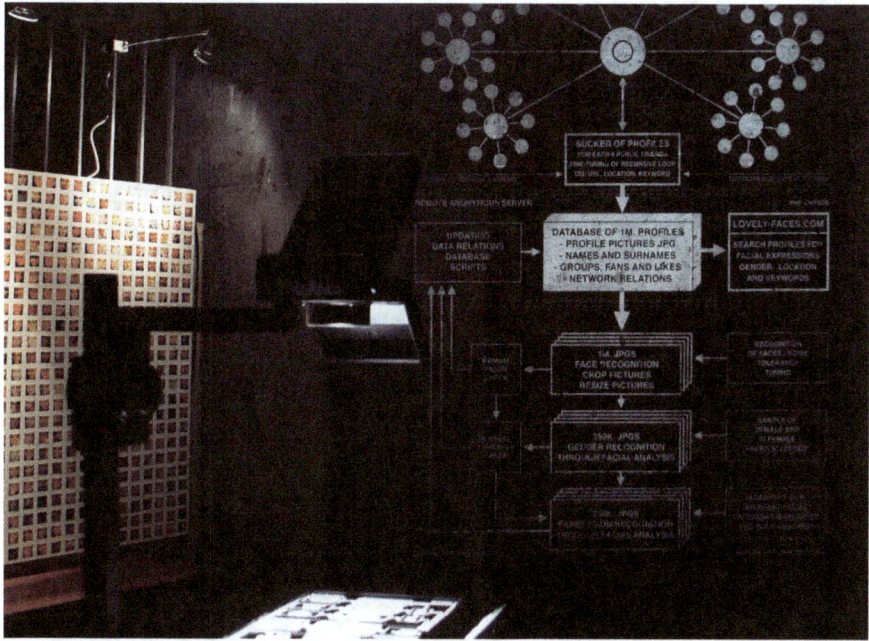

Paolo Cirio, Face to Facebook, presso Transmediale, Berlino, 2011

Face to Facebook è solo l'ultima parte di una trilogia chiamata *Hacking Monopolism Trilogy*. Nel lavoro della serie, *Amazon Noir*, un'orda di anonimi (e finti) utenti ha richiesto alla più grande libreria online la visione di alcune pagine di un libro, ovviamente gratis. Poi i software hanno assemblato le parti ricreando interamente i libri rubati, alla faccia del copyright. In *Google Will Eat Itself*, gli hacker hanno venduto spazi pubblicitari in siti creati per l'occasione al servizio AdSense di Google. Poi sono state generate una serie di false identità che hanno cliccato su questi banner e incassato di conseguenza dei soldi, utilizzati per comprare azioni della stessa Google. La megacorporation, tramite il meccanismo commerciale inventato per arricchirsi, potrebbe così passare nelle mani dei suoi contestatori! Questi attacchi ai colossi di Internet sono solo una parte dell'inarrestabile lavoro di questo artista, che tra l'altro ha inventato un sistema per distribuire denaro elettronico gratuitamente in rete e anche una parodia dei sistemi di sicurezza aeroportuali. La risposta a *Face to Facebook* da parte del pubblico globale è stata impressionante, e Paolo ha ricevuto undici denunce più cinque minacce di morte, La sua intera carriera è stata contrassegnata da una serie di provocazioni economiche e politiche. Si può dire che Paolo sta all'arte come Julian Assange al giornalismo, o Banksy alle scritte sui muri. È un hacker, sempre sul limite di legalità, decenza e proprietà privata. Vi starete sicuramente chiedendo come fa uno così a non essere già in galera. Come tutti gli hacker, non usa mai il suo vero nome. Non ha un indirizzo, e nemmeno soldi per gli avvocati. Come lo fai arrestare? Se ti guadagni da vivere con il web design, non ti serve un domicilio fisso. Ti muovi in continuazione, un po' come fanno le corporation che sfidi. Trovi amici che ti offrono un letto e un pasto caldo. E, cosa più importante, gli avvocati non sanno dove inviare le lettere di diffida.

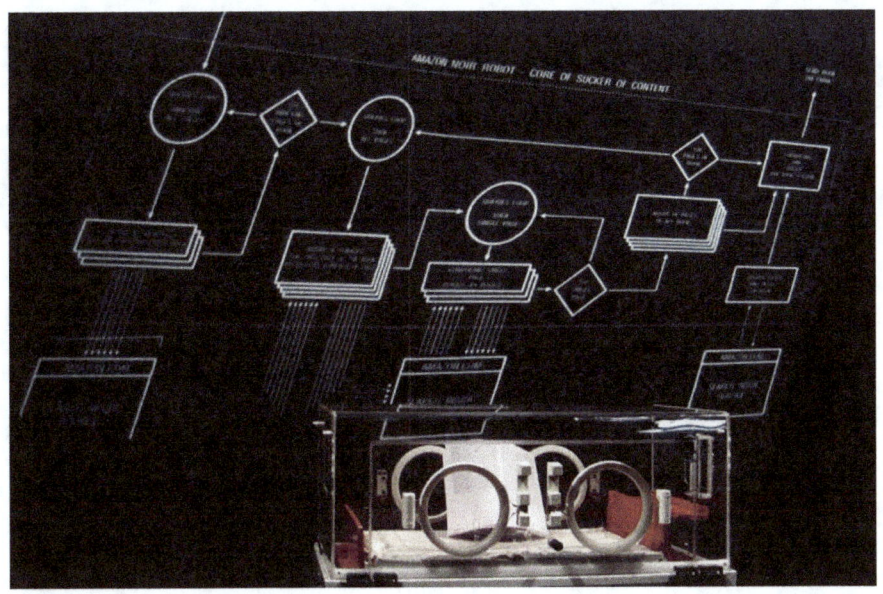

Paolo Cirio, Amazon Noir, presso Transmediale, Berlino, 2006

Poi, quando rubi i libri di Amazon, usi migliaia false identità, non riconducibili mai a te. Sai che divertimento perseguire così tanta gente che nemmeno esiste! Le corporation, create per fare soldi e non filosofia, lasceranno perdere. Se proprio ti attaccano legalmente utilizza la cosa per farti pubblicità. Raccontalo in giro e i tuoi nemici, capendo che ti stanno facendo diventare famoso a loro spese, molleranno il colpo. La crescita di popolarità dei giganti online che attacchi coinvolgerà anche te e questa fama ti proteggerà e ti farà guadagnare rispetto. Le persone si renderanno conto che stai affrontando temi importanti e ti chiederanno l'autografo. Quando l'arte supera certi limiti ne rivela altri.

OLTRE IL SENSO, VERSO IL SENSO

Valentino Catricalà

Oltre il senso, verso il senso
Di Valentino Catricalà, 2020
L'estetica di Paolo Cirio

C'è sempre un'etica nell'estetica. O, meglio, ogni atto estetico nasconde un problema etico. Un'etica che si presenta come una emanazione nascosta, un qualcosa che si irradia in ogni gesto artistico, in quell'arte come disciplina "speciale" dell'estetica. Si nasconde lì, come nella sua natura terminologica: "estetica/est-etica". Ma se in molti artisti questa natura è più celata, velata dietro significati di altro genere, in altri ciò diviene invece evidente, fulcro della personale pratica artistica, a tal punto da trasformarsi spesso in un continuo muoversi su quella linea sottile che divide estetica, etica e politica. E non c'è artista, forse, che più di Cirio ha saputo muoversi su questa linea, rendendola evidente in un costante lavoro di osmosi fra arte e vita personale, fra creazione dell'opera e coinvolgimento di vita, fra azione artistica e influenza mediatica, fra teoria e pratica.

Non è un caso che Cirio parli spesso di differenza tra "tattica" e "strategia", un linguaggio tanto filosofico quanto politico, preferendo solitamente il primo termine. Quella "tattica" che per il filosofo Michel De Certau, a differenza della strategia, "ha come forma non già un discorso, bensì la decisione stessa, ovvero l'"atto" o il modo di cogliere un'occasione". Non una pianificazione strutturata su lungo periodo, ma la tattica come atto quotidiano di conoscenza, di scoperta e di azione sul mondo. E' ciò che fa Cirio, creare contesti per "tattiche collettive" di partecipazione, per pratiche di conoscenza di "luoghi" che viviamo ormai quotidianamente tra il fisico e il virtuale. E già dal suo primo lavoro l'interesse estetico di Cirio risulta evidente. In *STOP the NATO* (2001), Cirio appena ventenne crea il sito web *StopTheNATO.org* riportando informazioni sull'espansione della NATO, attivando "attacchi partecipativi" al sito dell'organizzazione militare.

Da qui in poi i suoi obiettivi (intesi proprio come "target", traducibili quasi più come bersaglio) si amplieranno al sistema dei media, a Internet, alle dinamiche economiche delle grandi corporation (Google, Amazon, Facebook), alle logiche dei sistemi e delle istituzioni di controllo (la polizia americana). Ma sono obiettivi questi non presi nella classica critica politica, dello scontro frontale, dell'approccio di "critica negativa" artistico, dei luoghi comuni sul controllo dei dati e della manipolazione. Un approccio che vede sicuramente l'opera di Cirio affiancarsi a una tradizione critica dell'arte contemporanea, ma allo stesso tempo se ne distacca.

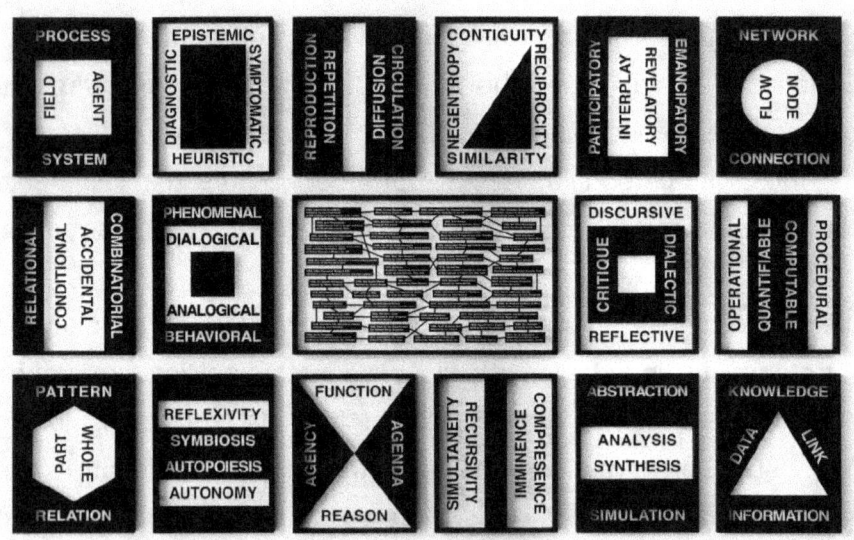

Paolo Cirio, Foundations, presso Galleria Giorgio Persano, Torino, 2019

Come in *Foundations* (2019) nel quale l'artista trova le fondamenta estetico/teoriche del suo lavoro attraverso una serie di sedici stampe di diagrammi di flusso. All'interno delle stampe sono generate una rete di associazioni con termini e forme geometriche che illustrano relazioni e tassonomie che posizionano l'arte di Cirio in una tradizione storico-critica dell'arte, dall'arte programmata a mostre "Cybernetic Serendipity", da "When Attitudes Become Form" o artisti come Hans Haacke o Stephen Willats. Una tradizione alla quale Cirio si ispira, ma da cui il suo lavoro si distacca.

Quello di Cirio non è tanto un lavoro di scontro frontale contro singoli rappresentanti (istituzioni o corporation), ma di intromissione critica nelle logiche che guidano le etiche e le politiche del capitalismo globale. Per dirla con Foucault, Cirio non è interessato all'attacco al fenomeno in sé, ma allo svelamento delle condizioni di possibilità che rendono concreto tale fenomeno. Per questo il lavoro di Cirio è, foucaultianamente, "archeologico"; non è un discorso relativo alla critica diretta su cosa fanno le grandi corporation americane o la polizia americana, ma, piuttosto, un lavoro che oscura la narrativa dominante capitalistica per fare luce sui rapporti – "al tempo stesso non visibili e non nascosti" – fra formazioni discorsive e non-discorsive, tra dinamiche non necessariamente codificate e comportamenti sociali: fare luce sulle relazioni di potere che soggiacciono a qualsiasi discorso dominante, sulle logiche che sottendono le scelte etiche ed economiche della società dell'informazione.

Quando Paolo Cirio oscura oltre quindici milioni di foto segnaletiche di persone arrestate negli Stati Uniti insieme ai loro precedenti penali, clonando e mescolando i loro dati, ci sta dicendo proprio questo: oscurare per chiarire, nascondere per scoprire dinamiche "non visibili e non nascoste". Di primo acchito, *Obscurity* (2016) mette in risalto le dinamiche che sottendono il discorso dominante degli enti deputati al controllo e alla difesa del cittadino, dimostrandone tutte le ambiguità etiche e politiche. Ma *Obscurity* è ancora di più, a essere motivo di indagine non è solo l'etica dei dati degli apparati di polizia, ma i processi di creazione di senso dell'intera società dell'informazione. L'ambiguità sottesa alle dinamiche di gestione del "dato", le insidie nascoste, consapevoli e non, di una società basata sempre più su dispositivi di gestione e archiviazione di informazioni controllati attraverso algoritmi e, oggi, da sistemi di machine learning dell'intelligenza artificiale gestiti da multinazionali private. Mostrarci ciò che è sotteso oltre le nostre credenze razionali, ciò che le domina e le orienta, e non solo verso "il negativo" delle argomentazioni politiche scagliate contro il dato evidente (il capitalismo economico e i suoi attori).

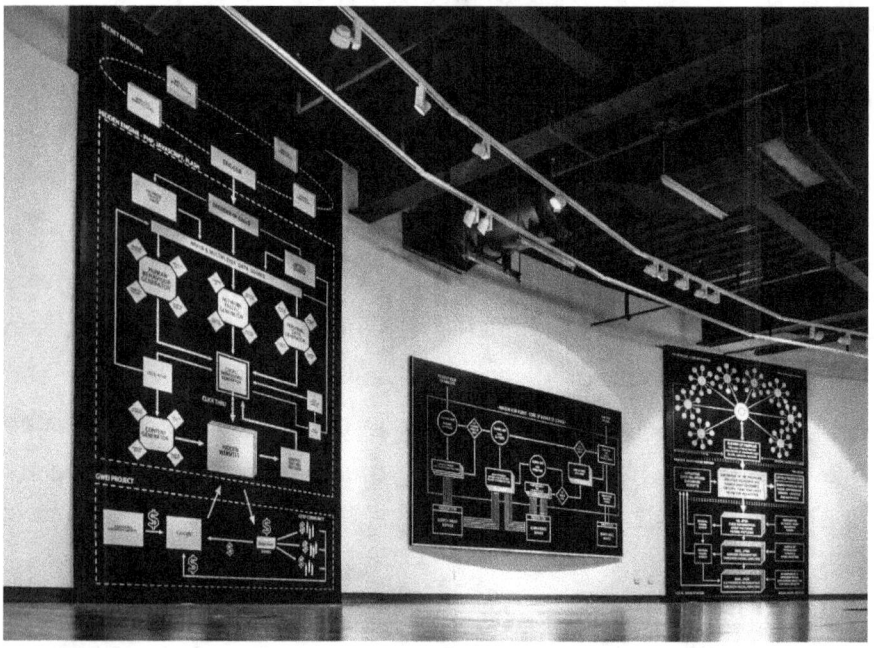

Paolo Cirio, Hacking Monopolism Trilogy, Flowcharts, 2005-2011, presso il museo China Academy of Art, Hangzhou, 2016.

Non a caso il lavoro *Meaning* (2019) mette in risalto proprio la semiotica di internet, ciò che dà forma al significato sociale online, alle logiche che orientano le nostre azioni e che costruiscono il discorso di significazione sociale. Contro le strategie di un neoliberalismo globale basato sempre più sulle due parole chiave "big data" e "machine learning" per gestione dei dati, Cirio risponde con la tattica di un lavoro quotidiano di ricerca, di analisi e di azione estetica (e quindi, etica e politica). Tattiche partecipatorie, come in

Face to Facebook, ultimo della trilogia *The Hacking Monopolism Trilogy* (che comprende anche *GWEI, Amazon Noir* con la collaborazione di Alessandro Ludovico). Di nuovo troviamo la tattica dell'appropriazione, in questo caso di un milione di profili Facebook di cui 250.000 ripubblicati su un sito di incontri, Lovely-Faces.com, categorizzati attraverso un software di intelligenza artificiale per riconoscimento facciale. Un progetto che ha portato a interagire moltissime persone, configurandosi, così, come una "mass media performance". Lo scalpore suscitato dai media e dai giornali è da intendere come parte dell'opera, e come gran parte dell'azione artistica di Cirio. La presa di consapevolezza deve essere attivata attraverso canali che raggiungono un grande numero di persone, giocando sugli interessi di comunicazione dei media.

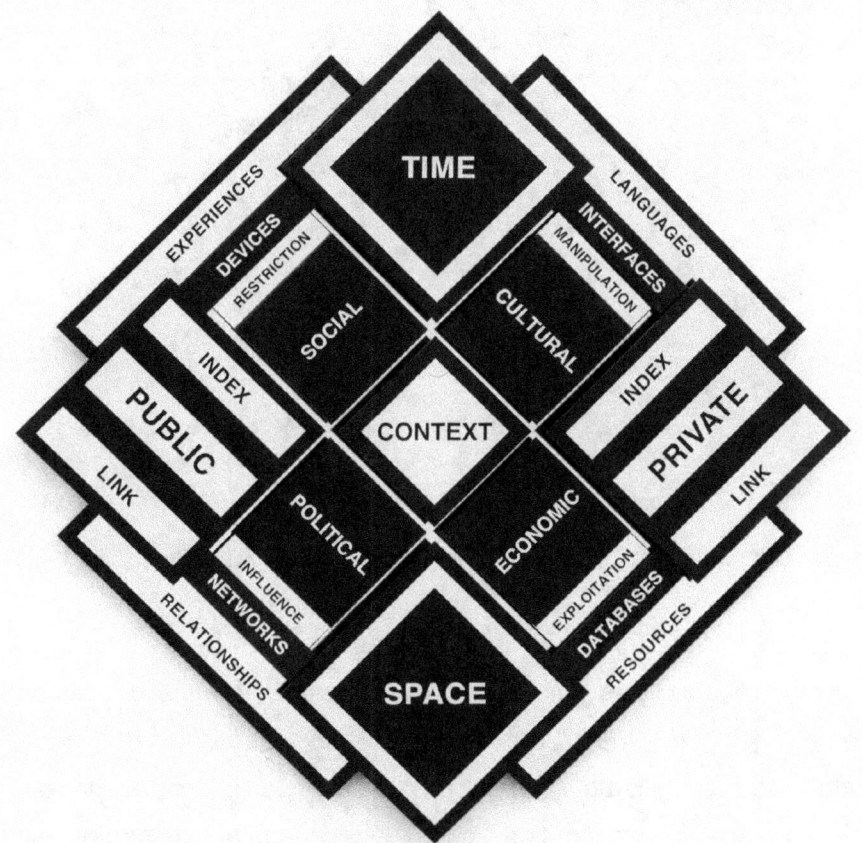

Paolo Cirio, Meaning, Context, presso Galleria Giorgio Persano, Torino, 2019

Come il mondo dell'advertising, attaccato da Cirio in *Attention* (2019), relativo "all'economia dell'attenzione" che ne ruota intorno. Ancora una volta, come l'informazione viene orientata, attraverso social media come Instagram, in questo caso una informazione non scritta (si veda *Meaning*) ma visiva e fotografica.

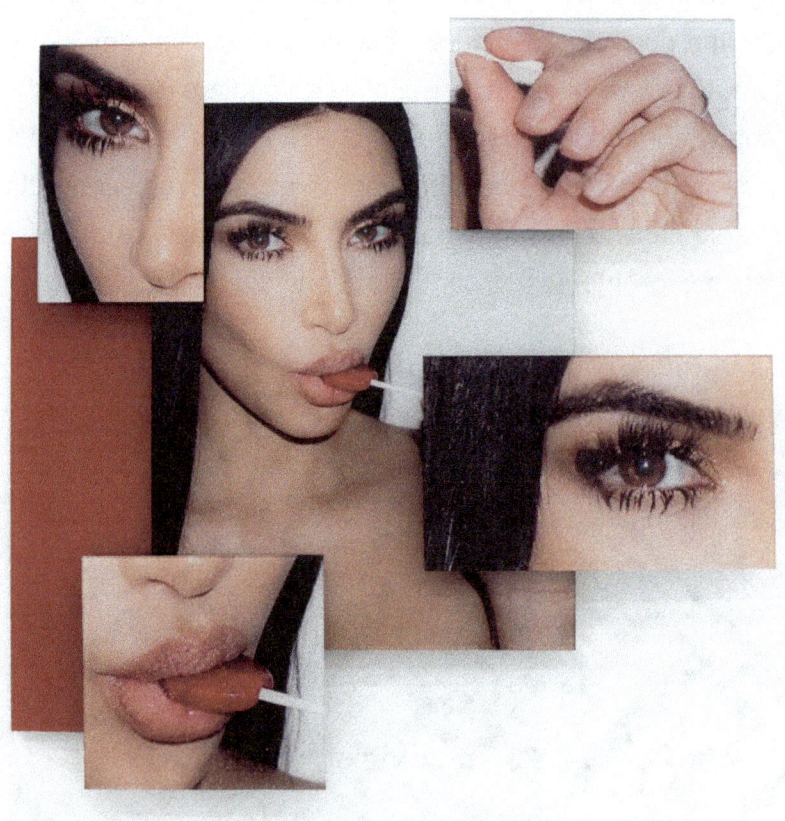

Paolo Cirio, Attention, @kimkardashian, presso NOME, Berlino, 2019

Per questo Cirio non è, o non è solamente, un hacker, perché il suo interesse non è solo quello di indagare, o criticare, i sistemi informatici, ma quello di insinuarsi nelle strategie dei grandi attori del capitalismo globale per creare dall'interno delle oasi di consapevolezza critica che vanno dall'hackeraggio, alla riflessione teorica, alla rappresentazione espositiva, ai processi di comunicazione mediatica. Un lavoro complesso che ci parla di una nuova "Estetica dell'etica dell'informazione" (*Aesthetics of Information Ethics*) come scritto dall'artista stesso in un recente saggio del 2017.

A dimostrazione, ancora una volta, dell'importanza fondamentale dell'arte e dell'artista oggi nella creazione, non solo di opere d'arte, di oggetti artistici, ma di processi estetici attivatori di nuovi regimi etici e politici.

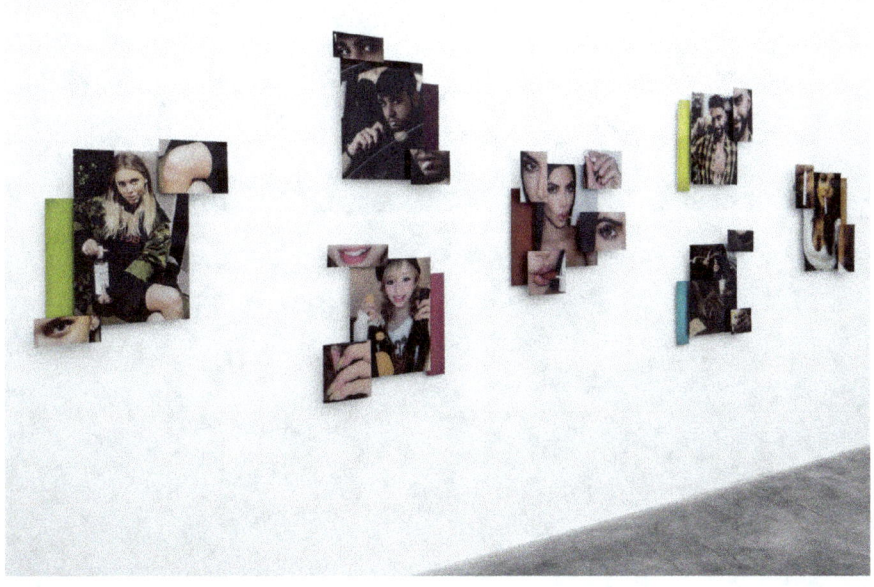

Paolo Cirio, Attention, presso NOME, Berlino, 2019

VICINO MA NON AL CENTRO

Irene Calderoni

Vicino ma non al centro

Di Irene Calderoni, 2019

Mostra *Exposed* alla Fondazione Sandretto Re Rebaudengo, Torino

Non dovrebbe stupire che una disciplina pseudo-scientifica dai risvolti politici e morali problematici come la fisiognomica sia tornata alla ribalta in tempi recenti. Osserviamo da un lato lo sviluppo e la diffusione di strumenti analitici sempre più sofisticati, software di riconoscimento facciale, tecnologie biometriche, intelligenza artificiale al servizio della catalogazione degli individui; dall'altro la disponibilità senza precedenti di dati, immagini, informazioni, raccolti dai sistemi di sorveglianza ma anche forniti spontaneamente dagli utenti della rete, danno forma a un archivio smisurato che è insieme il prodotto e lo strumento del lavoro delle macchine. L'imperativo dell'identificazione è dettato dagli interessi del complesso militare-industriale, così come dal sistema produttivo e di mercato che usa gli algoritmi analitici per influenzare comportamenti e orientare consumi. Ciò che può essere desunto dalla lettura di un volto, l'età, il genere, la provenienza geografica, la salute, così come le ipotesi formulate sull'orientamento sessuale, la pericolosità sociale o lo status emotivo, diventano informazioni preziose per le attività di profilazione e di marketing, in ambito politico, economico e sociale.

In un testo molto influente pubblicato nel 1986, Allan Sekula, fotografo e teorico, ha analizzato il modo in cui nell'800 il corpo diviene oggetto di procedure di analisi e di catalogazione volte a identificare l'uomo medio e, di conseguenza, la devianza. A questo fine la fisiognomica fornisce un campo discorsivo in cui convergono arte (il nuovo medium fotografico, la tradizione del ritratto) e le emergenti scienze biosociali. Ma l'elemento chiave è un altro. "A physiognomic code of visual interpretation of the body's sign – specifically the signs of the head – and a technique of mechanized visual representation intersected in the 1840s. This unified system of representation and interpretation promised a vast taxonomic ordering of images of the body. This was an archival promise". È questo aspetto tassonomico, comparativo ad essere centrale nell'operazione della fisiognomica, che appunto costruisce l'archivio che si propone di interpretare. La promessa evocata da Sekula è oggi inquietante realtà, sublime e disumana in scala, un universo di dati che ci riguardano ma non ci appartengono più. Significativamente, *Dataverse* è il nome di un'applicazione per l'accumulo e la condivisione di molteplici archivi, un über-archivio che sembra puntare a coincidere con l'universo stesso.

L'archivio, però, da solo non basta, servono strumenti di analisi adeguati a questa mole di informazioni che eccede di gran lunga le capacità umane. Se la fisiognomica era un'invenzione umana per interpretare l'uomo, uno sguardo dell'uomo sull'uomo, oggi siamo di fronte a un paradigma del tutto nuovo, corrispondente a un regime visivo specifico, quello delle immagini "operative" per usare la definizione dell'artista e regista Harun Farocki. Si tratta di immagini prodotte dalle macchine per essere guardate da altre macchine. Questo sguardo macchinico, che ha reso obsoleto quello umano, non ha meri fini rappresentativi, ma è orientato a un'azione, a un intervento sulla realtà, da qui il carattere operativo, e minaccioso, di questa nuova generazione di immagini.

In questo contesto, quale può essere il ruolo di un artista, che si trova, citando Sekula, "vicino ma non al centro" di un sistema globale in cui il visivo è strumento primario di controllo ed esercizio del potere? L'artista può svolgere un ruolo critico molto importante, portando avanti una pratica di documentazione, indagine e testimonianza che abbiano come obiettivo processi di cambiamento reale. Questa metodologia contraddistingue il lavoro di Paolo Cirio, che coniuga una pratica artista e curatoriale con un approccio attivista. Il campo di ricerca di Cirio sono i media, la rete, i social network; il suo metodo è la manipolazione informativa, l'hackeraggio dei dati, finalizzato a rivelare le dinamiche dei flussi informativi e i meccanismi più o meno celati, ma spesso trascurati, tramite cui gli individui sono perennemente controllati, studiati, e catalogati.

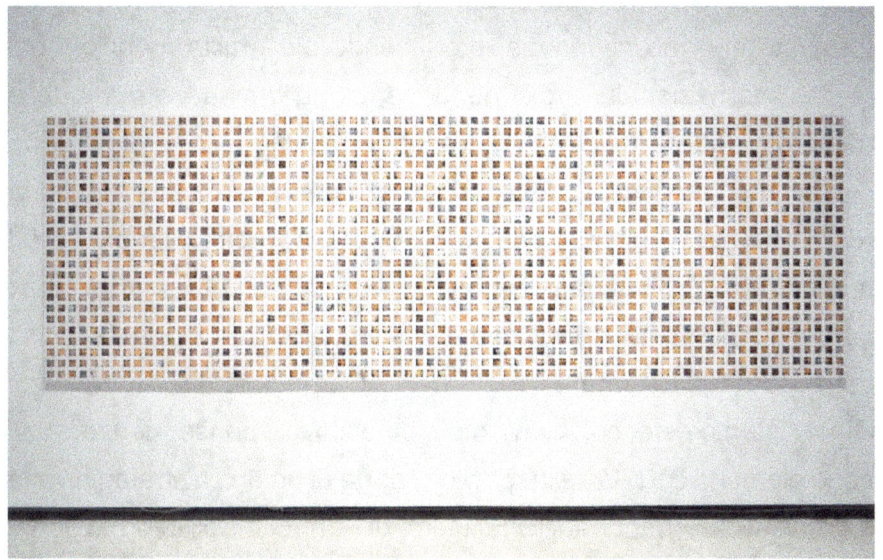

Paolo Cirio, Face to Facebook, presso la Kellen Gallery, 2013, New York

Alcuni lavori esemplari della pratica di Cirio offrono un'indagine approfondita sul tema del volto, spazio simbolico in cui si gioca la dinamica conflittuale tra privato e pubblico, individuale e generale, libertà e sorveglianza. Gli utenti della rete sono soggetti a una costante sottrazione di dati, ma sono anche agenti attivi nell'alimentare la fame di immagini di questi sistemi, producendo un circolo vizioso tra esibizionismo e sottomissione. Questa dinamica è uno degli obiettivi critici di *Face to Facebook* (2011), lavoro seminale dell'artista, un intervento hacker sulla più importante piattaforma social trasformatosi in una performance mediatica globale. Cirio (in collaborazione con Alessandro Ludovico) ha violato Facebook e si è appropriato di un milione di profili. Ha poi ripostato 250.000 di questi profili su un sito di appuntamenti da lui creato, Lovely-Faces.com. Qui un software proponeva degli accoppiamenti sulla base di tratti della personalità desunti dall'analisi dei volti e delle espressioni facciali con l'intelligenza artificiale, creando categorie quali sicuro di sé, timido, alla mano. L'intervento, durato 5 giorni, ha avuto enorme risonanza, producendo oltre mille menzioni nei media internazionali, undici denunce, cinque minacce di morte e numerose lettere dai legali di Facebook. L'operazione di Cirio ha messo in primo piano i difetti di sicurezza del sito, ma soprattutto ha reso evidente il principio tramite cui operano, e speculano, i social media: l'accumulo di dati personali che vengono poi venduti a terze parti a scopo di marketing, come lo scandalo Cambridge Analytica nel 2018 ha platealmente confermato. Come tipico nella pratica di Cirio, l'intento estetico, l'attivismo mediatico e le conseguenze legali sono elementi correlati e inscindibili, parte di un'unica strategia volta a demistificare e indebolire i sistemi di controllo dell'informazione. Questo aspetto emerge con evidenza nelle scelte formali dell'artista, nelle modalità tramite cui questi progetti si configurano in ambito espositivo. Cirio si avvale di un'estetica quasi forense, tramite l'accumulo dei dati, la presentazione dei documenti, la ricostruzione degli eventi, degli atti e degli effetti, un processo sintetizzato in un diagramma di flusso che ne restituisce la struttura concettuale. Questo rigore formale si contrappone al carattere dirompente delle sue azioni online, ma entrambi gli approcci dipendono da una logica comune, quella di violare un sistema per svelarne i meccanismi occulti e denunciarli pubblicamente, è una testimonianza che punta a un'incriminazione, un intento investigativo al servizio della verità.

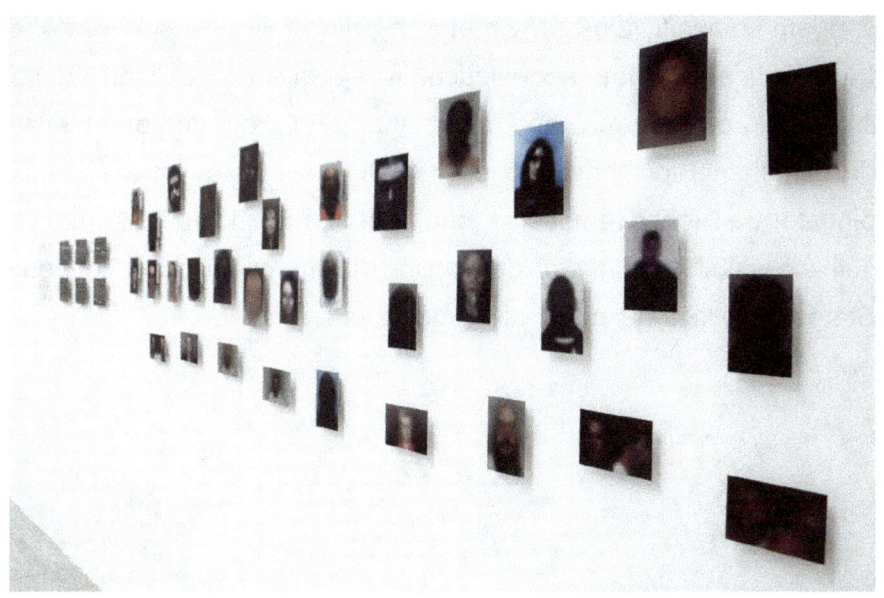

Paolo Cirio, Obscurity, presso la Gwangju Biennale, 2018

A un primo e superficiale livello il progetto *Obscurity* (2016) sembra operare all'inverso, per riportare all'oblio informazioni di interesse pubblico. Oggetto dell'intervento dell'artista sono i numerosi siti che pubblicano le foto segnaletiche di persone arrestate negli Stati Uniti. Siti come mugshots.com si appropriano delle foto segnaletiche e dei dati personali pubblicati (ma non indicizzati) dai vari dipartimenti locali di polizia, e poi li rendono facilmente accessibili tramite i principali motori di ricerca. Questi siti lucrano sui dati sensibili degli individui, che spesso sono oggetto di ricatti ed estorsioni per poter rimuovere le loro foto. Cirio ha offuscato i dati di oltre 15 milioni di persone presenti su questi siti. Dopo aver clonato i siti, ha sfocato i volti nelle foto segnaletiche e ha mescolato i dati, rendendo i suoi cloni più accessibili da Google che quelli dei siti originali, in modo che le ricerche portassero ai suoi profili oscurati. Anche in questo caso l'intervento ha prodotto molta attenzione mediatica, conseguenze giuridiche e reazioni contrastanti, da parte dei vari soggetti coinvolti. *Obscurity* mette in primo piano la connessione tra l'estetica della foto segnaletica, la reputazione degli individui e il controllo dell'informazione, ma è anche un progetto con obiettivi di cambiamento concreto, perseguiti dall'artista attraverso la piattaforma Right2Remove.us, che punta a modificare la normativa sull'accessibilità di questi dati online, promuovendo anche negli States la politica del diritto alla rimozione e all'oblio.

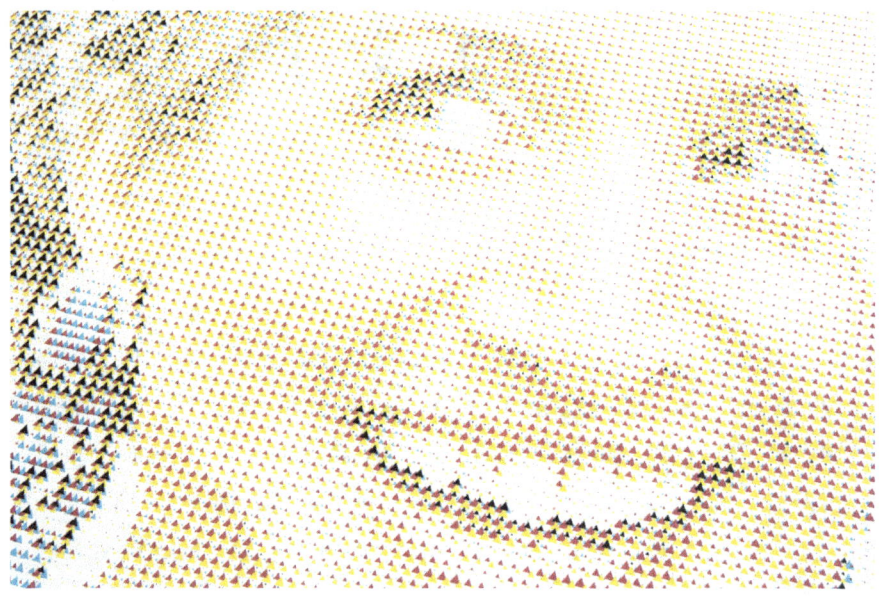

Paolo Cirio, Overexposed, dettaglio, presso la Fondazione Sandretto Re Rebaudengo, Torino, 2019

Obiettivo tattico del progetto, *Overexposed* (2015), sono alcuni dei personaggi responsabili dell'attuale sistema di sorveglianza di massa, attivo a livello globale e diretto dagli Stati Uniti. Figure chiave di agenzie come la CIA, l'NSA, l'FBI, menzionate nelle rivelazioni di Edward Snowden, divengono esse stesse l'oggetto di uno sguardo indiscreto, quello dei social network, della rete pubblica, dove tutto è sempre in circolazione, anche le immagini private di chi per lavoro osserva gli altri. Con una tecnica da lui stesso ideata, lo

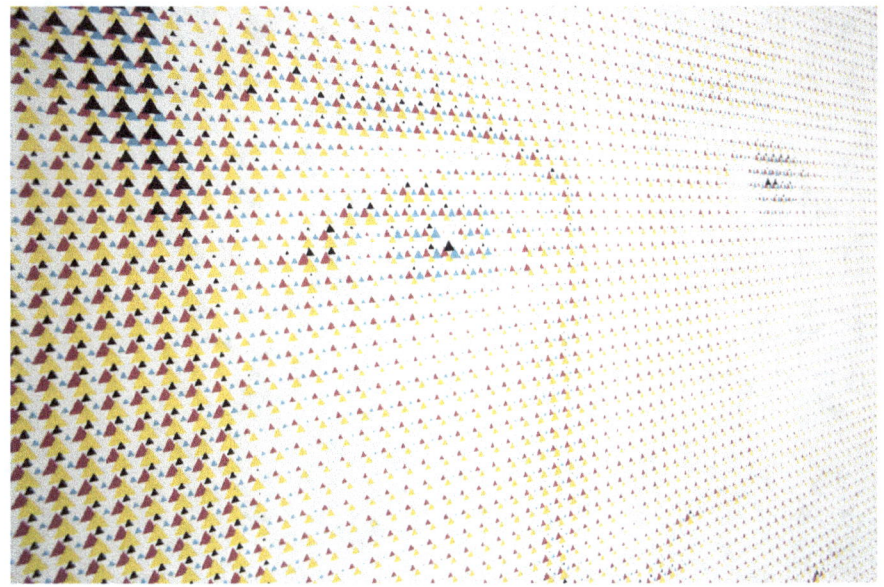

Paolo Cirio, *Overexposed, dettaglio, presso la Fondazione Sandretto Re Rebaudengo, Torino, 2019*

Stencil HD, Cirio ha realizzato i ritratti di questi personaggi, tramite immagini reperite online, e ha disseminato i poster così realizzati sui muri di grandi città, creando una connessione simbolica tra lo spazio pubblico urbano e la piazza mediatica di internet. Sekula già osservava che con la fotografia era all'opera un sistema di rappresentazione duplice, attivo sia in senso onorifico che in senso repressivo, uno spettro delimitato da un lato dal ritratto cerimoniale borghese e dall'altro dalla foto segnaletica del deviante. Riportati nello spazio museale, nel formato di un dipinto, i volti compiaciuti e ignari dei burocrati del controllo sembrano far collassare questi estremi formali e semantici, condensando in sé le contraddizioni del nostro tempo, in cui gli individui sono vittime conniventi di un sistema che li opprime, e le immagini sono i vettori di una continua negoziazione tra spazi di soffocante controllo oppure, ancora, di libera espressione.

VEDERE L'ARTE FINANZIARIA

Francesca Sironi

Vedere l'arte finanziaria
Di Francesca Sironi, 2020
L'Espresso

Niente sembra riuscire a fermare Jho Low, l'uomo d'affari coinvolto in uno dei più imponenti scandali finanziari degli ultimi anni: la frode al fondo di stato sovrano malese per lo sviluppo. Il 1MDB fund era un pacchetto di aiuti pensati per rafforzare la crescita economica e culturale del Paese. Secondo le autorità americane, Jho Low ed altri gestori sono riusciti a sottrarre in poco tempo oltre quattro miliardi e mezzo di euro, dispersi in un intricato sistema di acquisti dove compaiono classici come diamanti, ville, yacht, perfino un jet. Ma anche investimenti di opere d'arte. Low nega ogni illecito; nel frattempo lo spregiudicato schema, ha visti implicati top manager di Goldman Sachs e l'ex primo ministro malese Najib Razak. Low ora è al sicuro. È riapparso in Kuwait, fuggiasco, sarebbe riuscito a entrare nel piccolo stato del Golfo nonostante un mandato d'arresto internazionale.

Oggi, la crisi causata da Covid sta scuotendo le economie di tutto il mondo. In Europa si stimano almeno 12 milioni di disoccupati. Negli Stati Uniti oltre 40 milioni di lavoratori hanno chiesto un sussidio di disoccupazione. Se la realtà produttiva e i redditi tremano, le borse corrono al rialzo. Con le banche centrali pronte a investire per sostenere gli Stati, i grandi operatori finanziari «hanno a disposizione una quantità praticamente illimitata di denaro da investire», come ha scritto Vittorio Malagutti sull'Espresso: «L'economia globale sembra destinata a convivere con una gigantesca bolla finanziaria». «Non si muovono i prezzi delle merci, ma quelli delle azioni», sintetizza l'economista Marco Onado. Ci sono altri record che non accennano a fermarsi: quelli delle opere d'arte. All'inizio di maggio Sotheby's ha tenuto una vendita online che ha superato ogni traguardo del passato, oltrepassando i 100 milioni di dollari di transazioni via web dall'inizio dell'anno. La grande casa d'aste sta preparando un virtual party d'eccezione per il 29 giugno, quando verranno aperte le offerte per un trittico di Francis Bacon "Ispirato all'Orestea di Eschilo", che parte da 60 milioni di dollari, online. Sono certi di tenere a bada le Erinni, si vede, continuando successi degli ultimi anni. «Sono più entusiasta di Sotheby's adesso che mai», ha detto Patrick Drahi, il miliardario che ha comprato da poco la società, togliendola dal listino delle borse e rendendola società privata e perciò ancora più opaca.

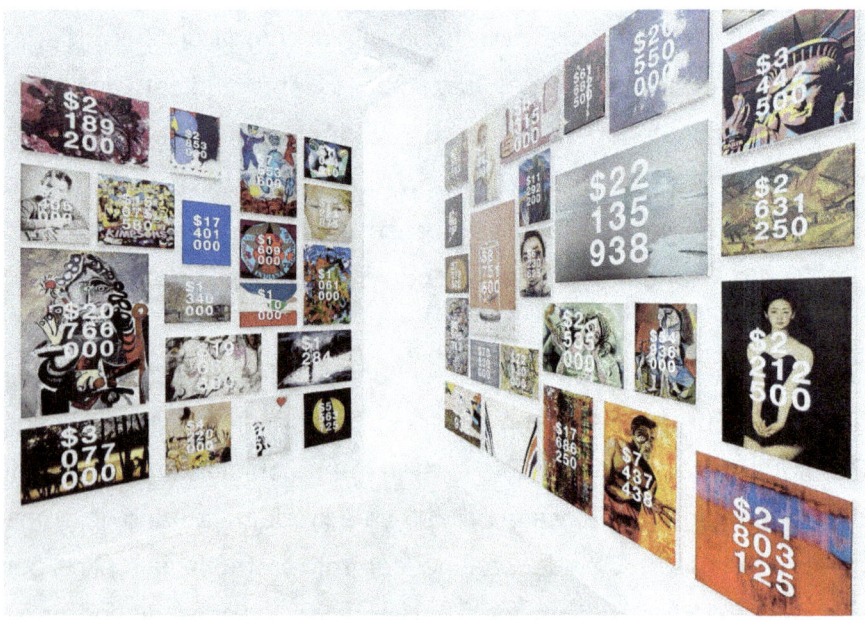

Paolo Cirio, Derivatives, presso NOME, Berlino, 2019

Le transazioni in sculture, dipinti e video-installazioni sono cresciute di 21 volte dal 2001 al 2008, arrivando oggi a contare più di 65 miliardi di dollari l'anno. «In teoria il mercato dell'arte in quanto tale è molto più importante di quello degli hedge funds», rifletteva dalla sua sede in Lussemburgo il consulente Alain Mestat nel documentario "Follow the paintings", un'indagine sul riciclaggio di denaro sporco nell'arte. Ma dicevamo della passione per l'arte di Jho Low: il finanziere malese non era solo un collezionista, che aveva comprato tele di Picasso e Basquiat per regalarle all'amico Leonardo DiCaprio (l'attore le ha consegnate ai magistrati per la vendita dei beni sequestrati). Come mostra un'inchiesta di Bloomberg, nel 2014 Low inizia ad utilizzare i quadri che ha acquistato dalle grandi maison come Christie's e Sotheby's - e che tiene nel silenzioso Freeport di Ginevra, l'immenso bunker svizzero che custodisce tonnellate di segreti e di opere d'arte - come garanzia per ottenere prestiti. Con un tesoro in pittura stimato in 330 milioni di dollari, spiega Low in una mail a un consulente, potrebbe ottenere almeno la metà di soldi in liquidità. Ad offrirgli quell'opportunità è la stessa Sotheby's. Il reparto servizi finanziari della grande casa d'aste apre per lui un dossier chiamato "progetto Ghepardo", per la velocità con cui il businessman pretende di avviare la pratica. Il nome di Low, scrivono i manager della società, non deve mai apparire, nemmeno nelle mail. L'accordo viene sottoscritto il 10 aprile per un prestito da 107 milioni di dollari depositati su un conto bancario alle isole Cayman. Con quei soldi, Low finanzia altri acquisti in arte. Rispondendo a Bloomberg, Sotheby's ha ricordato di non essere accusata di alcun illecito relativamente all'indagine e ha spiegato di avere un rigoroso programma di controlli sul background dei clienti. All'apertura delle prime inchieste, fra Svizzera e Singapore, e dal 2016 negli Stati Uniti, la stella di Low si è appannata; lui è caduto in disgrazia. Ma la sua storia resta un efficace viatico per addentrarsi nell'opacità del mercato dell'arte contemporaneo, fra società offshore, garanzie sui prezzi, e segretezza.

Un artista e hacker italiano che vive a New York, Paolo Cirio, ha deciso ora di sfidare proprio questa opacità. Esponendola. Lavorando per mesi su ogni materiale disponibile online, Cirio è riuscito a costruire un database con i registri di oltre 100,000 lotti venduti da Sotheby's negli ultimi 10 anni. Le foto che vedete in queste pagine sono le opere che ha pubblicato su *Art-Derivatives.com*: si tratta di immagini dei lotti venduti, coperti dalla cifra per la quale sono stati aggiudicati. Le nuove opere così create sono disponibili sul sito dell'artista a una frazione del valore commerciale, diventando, come per le azioni, titoli derivati. Il risultato è insomma una contraddizione, un'azione di disturbo che svela, sfruttandolo, il nucleo triste della bolla speculativa sull'arte: la trasformazione delle opere d'arte in denaro per fare altro denaro. «È ovviamente un problema che mi riguarda da vicino, essendo un artista, che deve vivere del proprio lavoro d'artista», racconta Cirio: «La mancanza di trasparenza sulle dinamiche che definiscono i valori delle opere rischia di rovinare la vita, la carriera, e la possibilità stessa di esprimersi, a un artista», perché quanto velocemente può salire il suo prezzo, tanto velocemente può crollare.

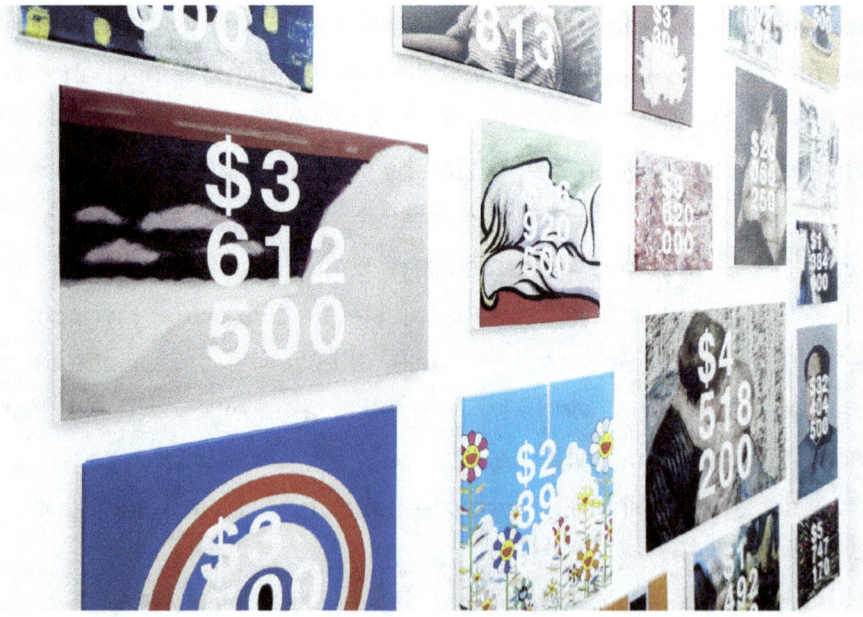

Paolo Cirio, Derivatives, presso NOME, Berlino, 2019

In un sistema chiuso come quello dell'arte, esporsi in modo tanto netto può essere rischioso. Pochi hanno il coraggio. *Art-Derivatives.com* si iscrive in questa sparuta flotta di critiche e riflessioni, dall'interno, sui meccanismi opachi del settore, attraverso un'azione che è sia artistica che politica - l'operazione è infatti anche il lancio di una campagna per una regolamentazione più equa del mercato dell'arte. Nel manifesto che accompagna l'operazione Cirio solleva diversi punti. Il primo è il ruolo delle cosiddette garanzie di terze parti, «una delle pratiche più controverse delle case d'asta perché aumenta la finanziarizzazione e la segretezza» delle attività. Si tratta di contratti attraverso i quali individui o società possono accordarsi con i banditori, comprando le opere prima dell'asta, a un prezzo fissato. Si stima che oltre il 70 per cento dei lotti siano oggi "garantiti", ricorda Cirio. È un vantaggio evidente rispetto agli altri partecipanti. E considerando che l'identità dei garanti e i contratti relativi sono coperti dal più stretto anonimato, la possibilità di manipolare i prezzi prima e durante la vendita aumenta. Il secondo punto è quello dei servizi bancari ombra, ovvero la trasformazione dei quadri in pegni per avere in cambio di finanziamenti dalle stesse case d'asta, come nella vicenda di Jho Low. È un business che continua a crescere: nel 2017 negli Stati Uniti il valore dei prestiti sulla base di depositi in arte ha raggiunto i 20 miliardi di dollari. Su *Art-Derivatives.com* Cirio ha indagato ed elencati altri aspetti che favoriscono un ambiente malsano: la mancanza di rigore sul problema del riciclaggio di denaro; l'impossibilità di tracciare le transazioni sulle singole opere, perché i quadri non hanno una carta d'identità univoca, una sorta di Id che li segua dalla creazione, e possa quindi restituire una storia delle eventuali speculazioni; l'insider trading; le complesse politiche di determinazione dei prezzi; e infine il rischio che le case d'aste diventino presto monarchi assoluti del mercato, in monopolio, soprattutto ora che la crisi sta infragilendo le gallerie.

«Per spiegare com'è diventato il mercato dell'arte mi piace usare quest'immagine: è come andare a giocare a un Casinò dove le macchinette sono truccate», spiega Cirio: «C'è chi vince sempre, e gonfia i prezzi, e poi c'è chi arriva, non è interno ai meccanismi che creano quei prezzi fittizi per manipolare il sistema, e viene spolpato». Sul sito del progetto c'è un Cretto bianco di Alberto Burri in vendita a 6 euro e 80, un centesimo della cifra a cui è stato battuto all'asta lo scorso novembre, per 683mila e 244 euro. L'immagine è però bloccata da quel numero. «Ero in conflitto: sovrapponendo la cifra all'opera, nelle immagini che creo, sto di fatto defacciando, vandalizzando, le immagini originali. Ma a vandalizzare queste opere, ho pensato, sono le aste, non sono io. I numeri che le coprono non nascondono niente, anzi: rivelano. Rendono evidente a chiunque come l'arte sia stata schiacciata per diventare uno strumento finanziario. Mostrano a tutti, anche alle persone che non hanno percezione di tutti i meccanismi che stanno dietro oggi all'attribuzione di valore, quale sia il vero aspetto di quelle opere per chi ci specula, offrendo una vera prospettiva per vedere l'arte».

A febbraio di quest'anno è tornato all'asta uno dei dipinti più riprodotti di David Hockney, "The Splash", il tuffo in una piscina rigida d'azzurro che è stato venduto per 23 milioni di sterline. L'aveva comprato all'asta nel 2006, per 2,9 milioni di sterline, un finanziere cinese, Joseph Lau, azionista di controllo della "Chinese Estates Holdings", condannato per corruzione e riciclaggio di denaro a Macao nel 2014. Il problema dei vortici di denaro nero nei quadri è talmente macroscopico che molti Stati hanno introdotto dei regolamenti per provare a fermarlo. L'Unione Europea ha introdotto normative, adottate da gennaio anche in Italia, che estendono alle gallerie gli obblighi antiriciclaggio. Pure in Gran Bretagna da quest'anno per le transazioni sopra i 10mila euro i venditori dovranno identificare con precisione l'"ultimate beneficial owner" di ogni opera. Il futuro proprietario dovrà avere un nome e una carta d'identità. Non potranno più bastare, in teoria, fumosi indirizzi di società offshore. È un buon inizio. Ma nel frattempo, online, gli affari continuano alla grande. Una nuova bolla?

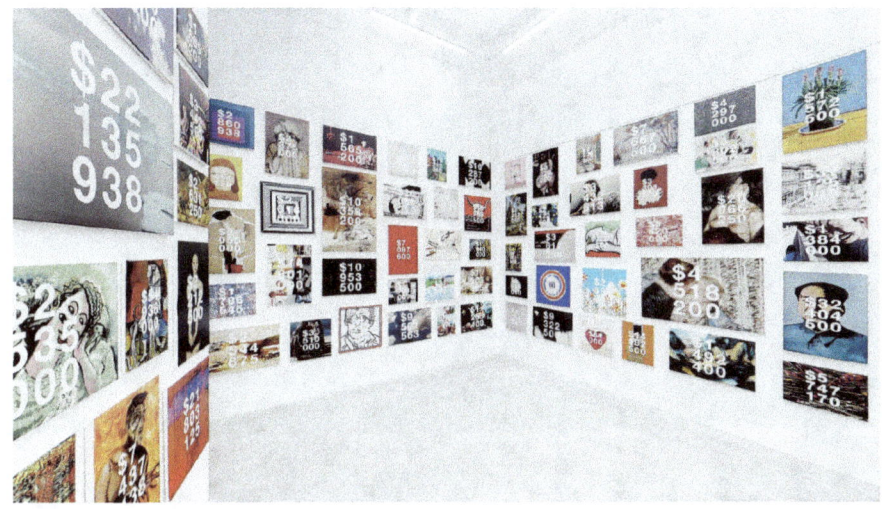

Paolo Cirio, Derivatives, presso NOME, Berlino, 2019

INTERVISTA A PAOLO CIRIO

Filippo Lorenzin

Intervista a Paolo Cirio per il progetto
Loophole for All
Di Filippo Lorenzin, 2014
Artribune

L'artista Paolo Cirio tocca argomenti e riflessioni che si confrontano direttamente con questioni finanziarie come i conti offshore e i paradisi fiscali. Il progetto *Loophole for All* prende in esame oltre 250mila aziende che hanno sede legale alle isole Cayman e dà la possibilità a chiunque, attraverso il sito Loophole4All.com, di acquistare le identità reali di queste aziende anonime ad un prezzo simbolico di pochi centesimi, per "democratizzare i privilegi degli affari offshore". Lo abbiamo intervistato per parlare di cosa significa creare un progetto con tali premesse e svolgimenti in un ambito artistico, finanziario e sociale come quello odierno.

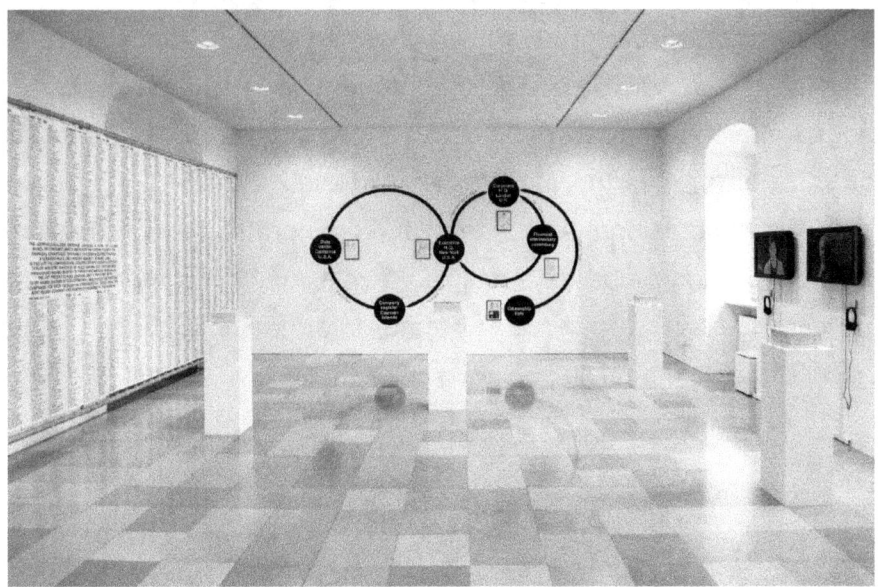

Paolo Cirio, Loophole for All, presso Ars Electronica, 2014

Il Golden Nica è stato solo l'ultimo di una serie di riconoscimenti per *Loophole for All*, che negli scorsi mesi è stato citato da più parti in tutto il mondo: su riviste e siti specializzate ma anche su altre fonti più generaliste o legate all'economia. Credo che questa trasversalità del pubblico interessato a questo progetto sia dovuta agli aspetti e alle problematiche affrontate soprattutto in questi anni: cosa ne pensi?

In generale devi considerare che quando sviluppo questo genere di progetti cerco di pensare al linguaggio da utilizzare per raggiungere quella varietà di pubblico. In quasi tutti i miei lavori uso diverse modalità per raggiungere un certo tipo di target e, per la complessità del tema di *Loophole for All*, è stato un successo raggiungere un pubblico che va da giornalisti all'arte e soprattutto persone comuni che non sanno molto di economia ma che sono divertite dalla provocazione e che possono capire come funzionano questo genere di meccanismi. Solitamente i miei progetti hanno sempre un tipo di approccio che ti fa entrare nei loro concetti come se stessi sfogliando un libro: si parte dalla prima pagina con un'accattivante proposta di un nuovo servizio a cui tutti possono partecipare, con subito qualche ironia e provocazione che non fa intuire bene se si tratta di una startup, un progetto artistico o quale sia il punto dell'intera operazione. Andando avanti si approfondisce e si arriva alla conclusione che è sostanzialmente una documentazione, un'investigazione di ricerca sul tema, informando il pubblico con accuratezza e denuncia sociale.

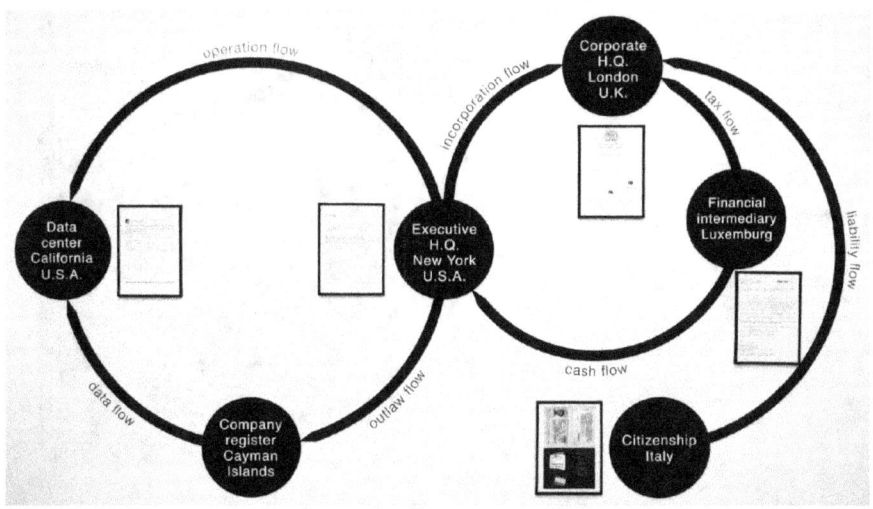

Paolo Cirio, Loophole for All, presso il museo Strozzina, Firenze, 2013

Dove sta la componente artistica in un progetto come questo?

Sicuramente il lato performativo – e quindi artistico – dell'operazione, sta nell'orchestrare una situazione distribuita su sei giurisdizioni a livello globale, con la partecipazione di un pubblico di centinaia di migliaia persone o aziende, che reagiscono e comunicano con l'artista, il quale si prende il carico diretto dei rischi e delle conseguenze dell'evento per rivelare informazioni coperte da segretezza, tutto questo attraverso la ricerca creativa di vulnerabilità in sistemi informatici complessi. Infine, l'atto di firmare questi certificati con la mia firma dà al progetto una componente artistica prettamente concettuale. In un certo senso, dare l'autorialità crea l'artisticità del progetto, per cui va oltre l'attivismo e la provocazione politica, andando a creare, dunque, una nuova realtà d'informazione.

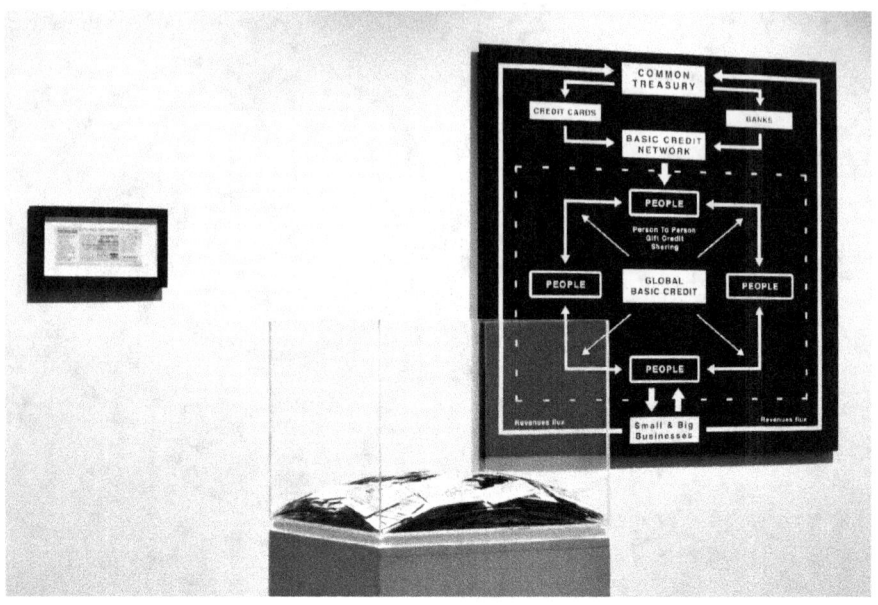

Paolo Cirio, P2P Credit Cards, presso l'istituto Aksioma, Lubiana, 2011

Parliamo della genesi del progetto.

Ho sempre avuto un certo interesse per questi argomenti, ma la prima volta che ho comprato un libro riguardo i paradisi fiscali risale a circa dieci anni fa, nel 2004 o nel 2005. Quel libro non spiegava molto: devi pensare che non si sapeva granché di questo aspetto della finanza e, anzi, nessuno sapeva molto della finanza in generale. Negli anni Ottanta, Novanta e primissimi Zero il boom del settore finanziario è stato completamente dimenticato o comunque non investigato: non ci sono state pubblicazioni o artisti che se ne sono occupati. Se fino alla fine degli anni Ottanta si aveva a che fare principalmente con azioni e bond, successivamente si sono sviluppati nuovi strumenti finanziari complicatissimi molto utilizzati nei paradisi fiscali; attraverso cui però, negli ultimi quindici anni, è passato lo sviluppo economico della Cina e dell'India e lo sfruttamento di risorse dell'Africa.

Poi, con la crisi…

Con la crisi finanziaria del 2008 molte persone hanno cominciato a investigare e sono uscite più informazioni a riguardo; nel frattempo avevo già sviluppato progetti legati all'economia come *P2P Gift Credit Cards – Gift Finance* del 2010, quindi ho approfondito per alcuni anni il fenomeno dei paradisi fiscali studiando pubblicazioni e personaggi che potevano aiutarmi a capirne i meccanismi.

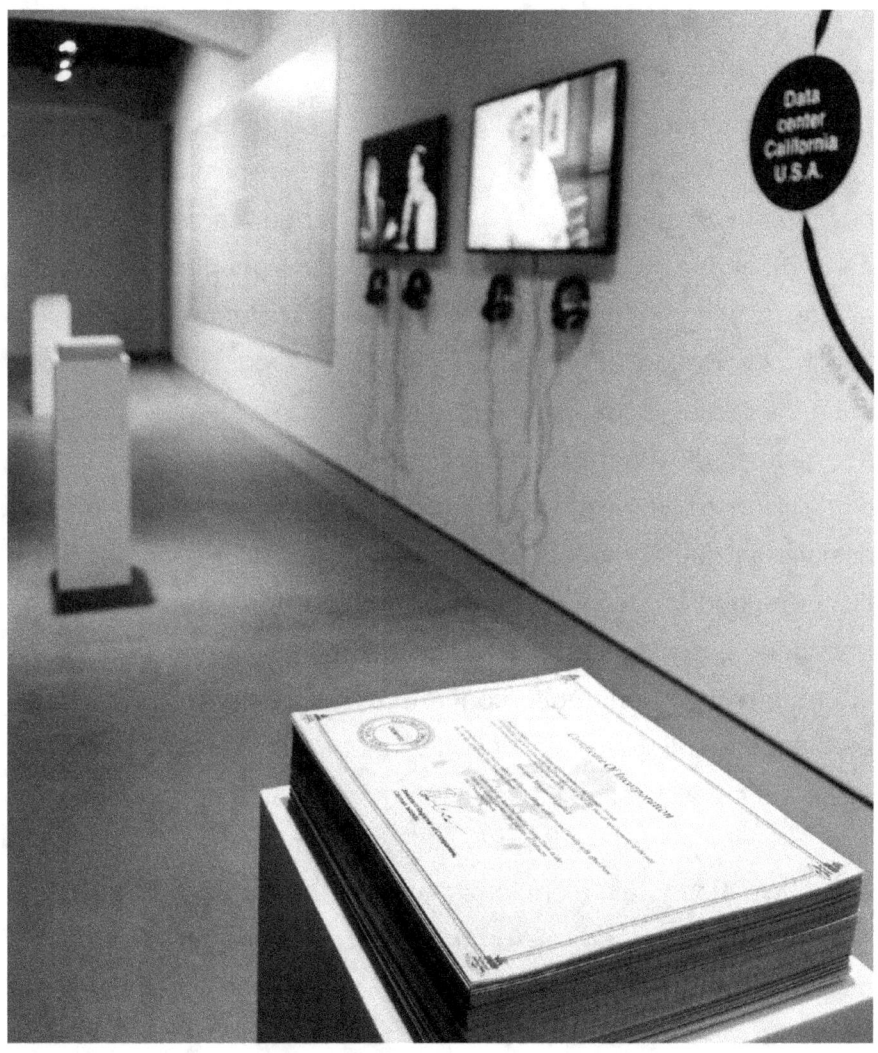

Paolo Cirio, Loophole for All, presso il museo HeK, Basel, 2015

Questo lavoro si inserisce in una sorta di corrente che negli ultimi anni ha portato allo sviluppo di ricerche che ibridano considerazioni artistiche con svolgimenti che hanno ripercussioni reali in contesti diversi dall'arte, in questo caso finanziari. Credi ci siano delle ragioni precise per cui si è creato questo fenomeno?

Assolutamente sì. Questo è un argomento di cui parlo spesso con amici, curatori e artisti: è un tema molto sentito, ci sono curatori che mi propongono di partecipare ad eventi specifici con temi simili al mio. Considerando che ho iniziato a fare questo tipo di lavori più di dieci anni fa, percepisco che è avvenuto un cambiamento per quanto riguarda il contesto storico. Quello che stiamo vivendo in questi anni è piuttosto interessante, io lo chiamo "fine del postmoderno", un ritorno del realismo. I progetti artistici che negli anni Ottanta e Novanta utilizzavano i nuovi media si riferivano alla realtà virtuale, ovvero la riflessione del reale che non è reale, quello che Baudrillard chiama "simulacro". Oggi, invece, le cose sono cambiate, probabilmente a partire dall'11 settembre; la realtà è tornata a influenzare, in un certo senso, la realtà stessa, in modo diretto, con le diverse crisi ambientali ed economiche a cui abbiamo assistito in questi anni. C'è il ritorno di una realtà concreta che ti tira un pugno in faccia e non puoi dire che non ti fa male perché è virtuale. È per questo motivo che ci sono dei lavori che cercano di proporre soluzioni molto concrete o che cercano di cambiare i problemi urgenti. In termini di realismo, a livello estetico, possiamo collegare ciò a cui stiamo assistendo a molte altre situazioni di oggi come il dopoguerra: storicamente ci sono sempre stati dei momenti di ricchezza generale e opulenza in cui si registra un individualismo maggiore; poi, magari, c'è un momento di crisi in cui si ritorna a occuparsi della realtà concreta e dei problemi sociali, esattamente come sta avvenendo in questo periodo.

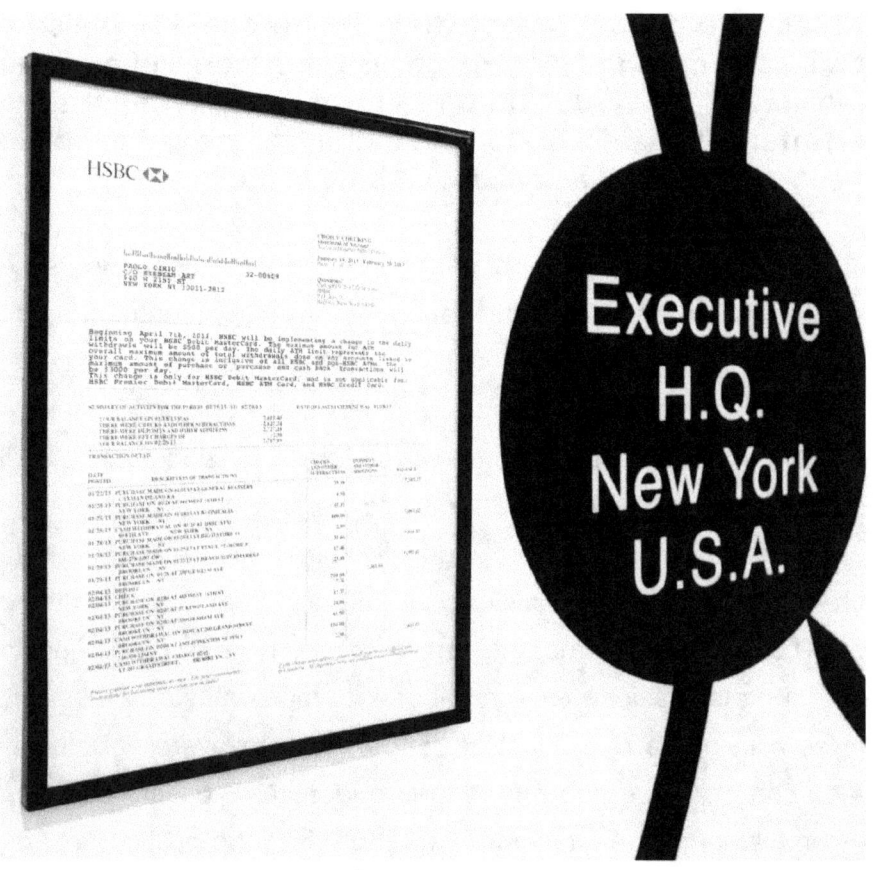

Paolo Cirio, Loophole for All, presso il museo Strozzina, Firenze, 2013

È cambiata la percezione della realtà anche sulla base dell'utilizzo dei nuovi media.

C'è sicuramente un utilizzo maggiore dei media rispetto a qualche anno fa e ora questi influenzano la quotidianità in modo veramente concreto. Se negli anni Ottanta-Novanta parlavamo di realtà virtuale come di uno spazio in cui i nostri corpi sarebbero stati dissolti, adesso lo spazio materiale è completamente integrato nei media, per cui la realtà si è sviluppata in modo concreto, non virtuale.

Un aspetto che mi ha colpito è il fatto che il pubblico è chiamato ad agire contro un sistema con delle azioni facilitate dagli strumenti da te forniti. Quale importanza ed effettività ha secondo te la mobilitazione del pubblico nella creazione di azioni sovversive come questa?

Molte persone mi scrivono che non vogliono pagare le tasse attraverso il mio sistema, chiedendo informazioni, mentre altri non mi scrivono e lo fanno direttamente. C'è ogni genere di reazione. Il mio progetto punta a un tipo di partecipazione che possa ispirare e informare le persone riguardo questi temi e funziona anche se il pubblico non mette in atto l'azione sovversiva. Il lavoro ruota più che altro attorno alla provocazione, alla vulnerabilità e alla minaccia che creo contro questo sistema di 250mila aziende: ogni utente può potenzialmente rubarne una o molte. Non è, però, questo tipo di partecipazione che crea il danno, ma piuttosto la minaccia in sé e la paura che queste aziende possono avere riguardo al fatto che chiunque può rubare la loro identità. È questo che crea il cambiamento. Chiaramente non ho un riscontro politico, a parte commercialisti e società finanziarie che mi scrivono; il progetto ha un'influenza diretta per il fatto che potenzialmente tutte le aziende registrate alle Cayman sono ora esposte non al rischio di regolamentazione legislativa ma di essere rubate da una massa di persone che agiscono attivamente per destabilizzare il sistema con il quale multinazionali e miliardari non pagano alcuna tassa.

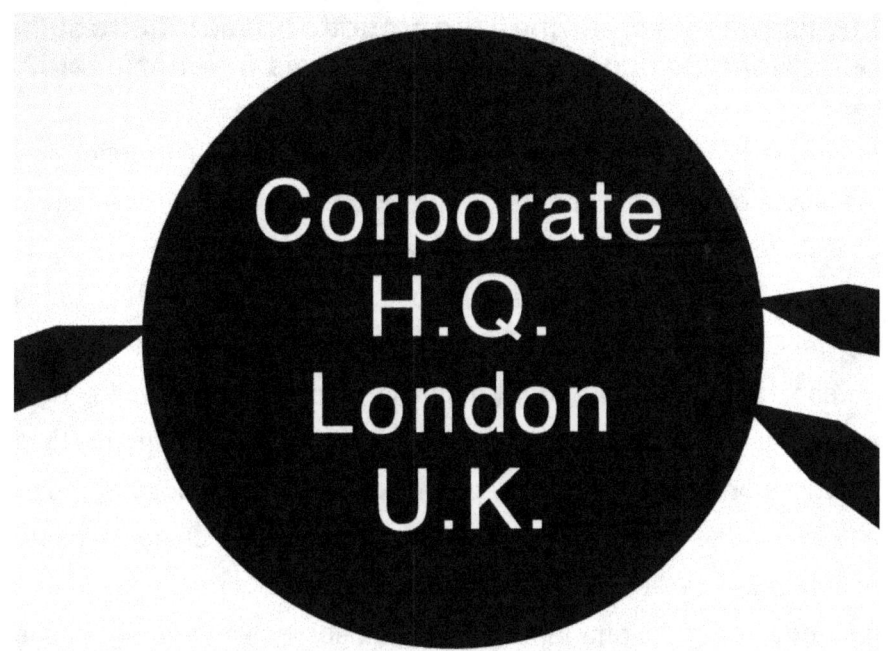

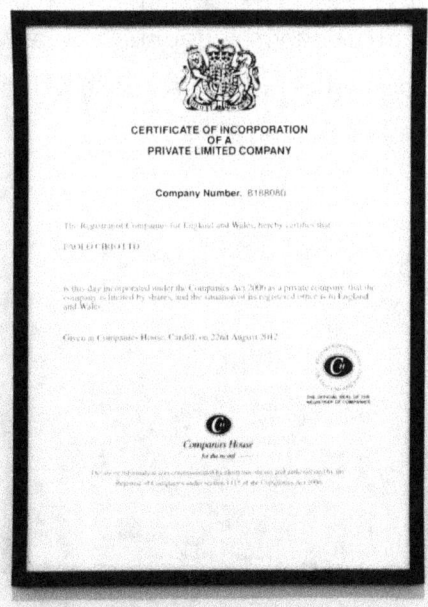

Paolo Cirio, Loophole for All, presso il museo Strozzina, Firenze, 2013

In quale misura credi che il tuo progetto possa influire sulla percezione della gestione dell'economia internazionale?

È difficile misurarlo: questo progetto è solo una delle molte altre iniziative che si occupano di questo argomento e che fanno pressione politica; iniziative, queste, che però non sono progetti artistici. Tutte queste pressioni politiche avvengono in ambiti diversi e perciò i cambiamenti accadono molto lentamente, anche perché chiaramente le lobby finanziarie cercano di evitare ogni tipo di regolamentazione. Il mio progetto opera a un altro livello di provocazione diretta, con un approccio molto più giocoso e aperto che coinvolge molte più persone visto che non richiede elevate competenze in economia per partecipare alla creazione di una minaccia reale. Insomma, non posso misurarlo ma immagino che se io avessi un conto alle Cayman e vedessi il nome della mia azienda sul sito mi preoccuperei, per cui, magari, chiuderei quella società. Sicuramente non fa piacere a quelle aziende, e tantomeno alle autorità delle isole Cayman.

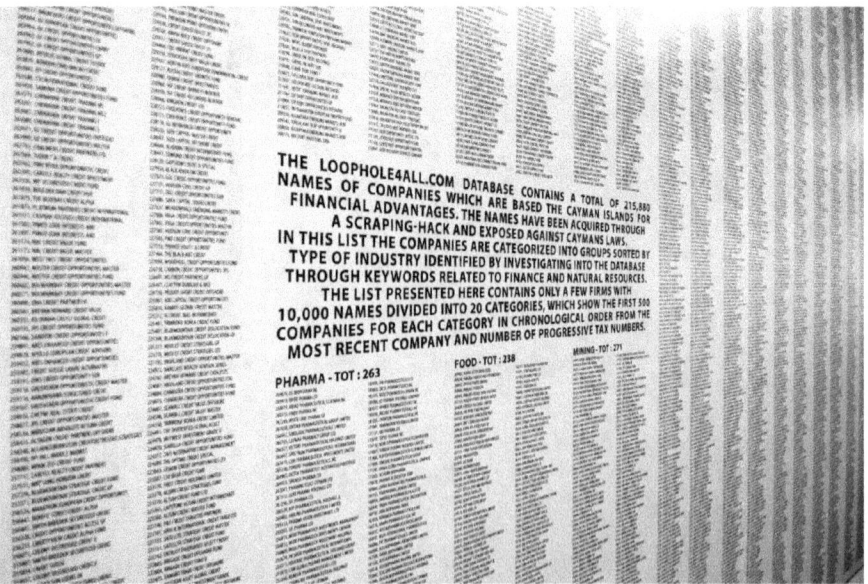

Paolo Cirio, Loophole for All, presso il museo Strozzina, Firenze, 2013

A quali progetti stai lavorando ora?

Sono tanti, tra cui almeno un paio top secret di cui non posso ancora parlare. Sto sviluppando un progetto che si confronta con l'idea di democrazia diretta e partecipativa: è un po' diverso da altri miei lavori, non ha componenti di provocazioni, invece riguarda la produzione creativa di un'utopia. Si tratta di un lavoro conseguente ad una riflessione su *Loophole for All*: i poteri internazionali legislativi in un mondo globalizzato e continuamente in comunicazione fanno sì che le persone e le società non vivano più in una sola nazione – tanto meno le conseguenze dei flussi finanziari e dei cambiamenti climatici. Il progetto di partecipazione diretta cerca di sviluppare delle nuove idee per poter governare a livello mondiale in modo che tutto si svolga attraverso un network globale, in modo più democratico rispetto ad oggi, con nazioni come gli Stati Uniti e la Cina che dettano legge. Questo lavoro discute anche dei cambiamenti che si stanno svolgendo, ad esempio, in Islanda, dove la costituzione è stata scritta dai cittadini, fra altre nazioni che si stanno muovendo in questa direzione.

INTERVISTA A PAOLO CIRIO

Andrea Tinterri

Intervista a Paolo Cirio per il progetto
Global Direct
Di Andrea Tinterri, 2014
Mostra *Caratteri* al Palazzo del Governatore, Parma

Rileggo oggi l'intervista a Paolo Cirio in occasione della mostra collettiva *Caratteri*, realizzata a Parma nel 2014, dove veniva esposto il progetto *Global Direct*.

La rileggo con una certa diffidenza verso un'idea di democrazia diretta o di costituzione universale. Ma la rileggo soprattutto con la perturbante necessità di ritrovare una scelta di campo, una scelta politica, una scelta di aggressione, di proposta, una scelta utopica da mostrare in piazza, nella rete, da far circolare. E la mia diffidenza, o stanchezza di pensiero, è perfettamente coerente con il ruolo che un certo tipo di proposta culturale deve mantenere: un altrove, un'alterità rispetto alla contingenza politica (pur essendone direttamente interessata), una prospettiva da esiliato che non è costretto ad affondare le mani, ma può permettersi il lusso dell'impraticabile.

L'approccio di Paolo Cirio è rigoroso, scientifico, a volte didattico, ma la risposta rimane autonoma dall'azione. In questa distinzione e distanza si concentra la possibilità della ricerca, della speculazione, del possibile fallimento, dell'azzardo. E quella che segue non è una lettura (scrittura) profetica, ma piuttosto un esercizio di sconfinamento, un esercizio libertario.

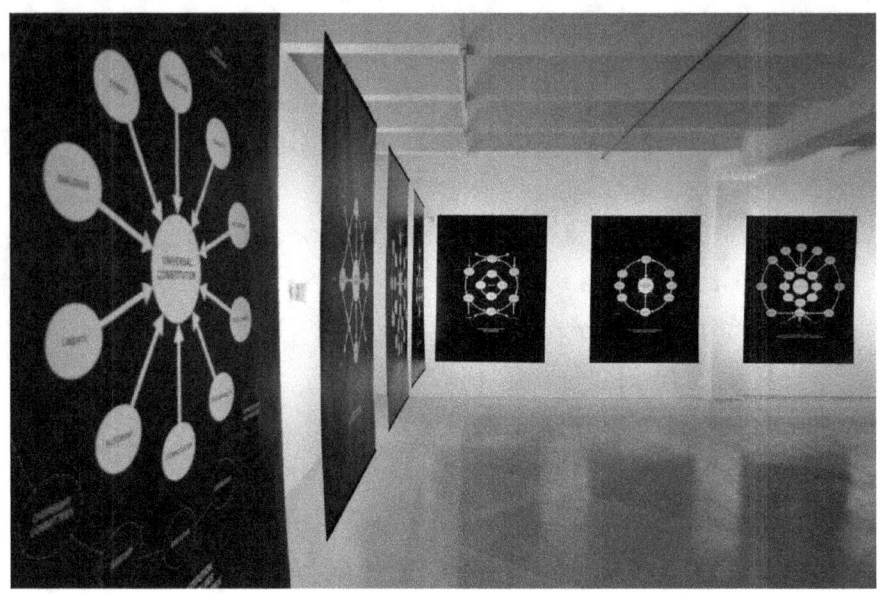

Paolo Cirio, Global Direct, presso il museo DOX, Praga, 2014

Perché questo lavoro oggi? Per quale ragione in questo momento è necessario pensare a una forma politica partecipata diversa, ad esempio, dall'attuale sistema di democrazia rappresentativa cui siamo abituati in Italia o negli Stati Uniti?

Ho iniziato a pensare a quest'idea dopo aver realizzato diversi progetti che riguardavano gravi crisi che la nostra società contemporanea sta affrontando. Alcuni riflettevano sulla crisi economica e finanziaria, altri su quella ecologica o ancora sulle problematiche riguardanti la privacy. Mi sono reso conto che tutti questi problemi erano questioni globali riguardanti tutte le nazioni che non venivano risolte per la mancanza di una struttura politica capace di organizzarsi su scala mondiale. Attualmente non esiste alcuna struttura sovranazionale in grado di proporre soluzioni condivise e noi cittadini non abbiamo alcun potere decisionale su queste tematiche che ci influenzano in modo diretto. Sono state queste le motivazioni che mi hanno spinto a pensare al progetto in questione. Attualmente ci sono molti fenomeni, molte organizzazioni di piccoli partiti politici, gruppi di attivisti che sono interessati alla democrazia partecipativa e all'apporto che può fornire internet nelle decisioni politiche collettive. Questo progetto parla di una democrazia diretta resa possibile grazie a internet e quindi documento idee contemporanee di filosofi, ricercatori e tutto quello che sta accadendo in giro per il mondo, i nuovi fenomeni politici; nello stesso tempo, spingo il progetto a un livello superiore, immaginativo e utopico, promuovendo l'idea di una democrazia partecipata su scala globale.

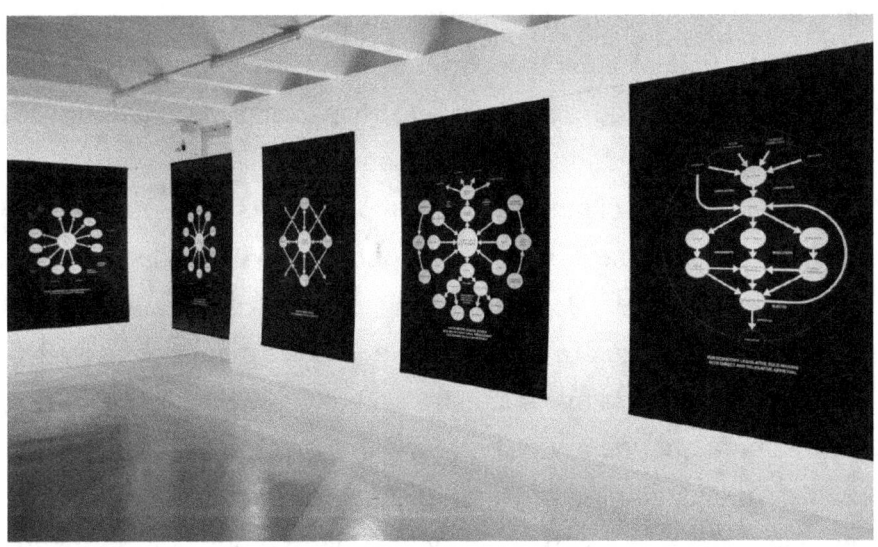

Paolo Cirio, *Global Direct,* presso il museo DOX, Praga, 2014

Ci sono esperienze che hanno avuto una loro applicazione pratica che ritieni vicine alla costruzione del tuo percorso politico/concettuale? Esempi?

Ho sempre seguito, a partire dalla fine degli anni Novanta con l'inizio di internet, questo tipo di discorsi chiamati tecno-utopici. Già allora qualche filosofo e qualche attivista sosteneva che internet avrebbe portato a una forma di democrazia molto più diretta e partecipata. Adesso ci rendiamo conto che ciò è realmente possibile e sta succedendo. Di conseguenza, esperienze con una loro applicazione pratica ce ne sono state molte, proprio in questi mesi. Ad esempio i Podemos spagnoli che ora sono il terzo partito politico in Spagna; ci sono anche casi in Islanda, in Italia, in Argentina. In particolare, sono vicino e ritengo molto importanti le istituzioni che promuovono l'open data, le quali stanno apportando una vera rivoluzione a livello governativo, aprendo alla completa trasparenza delle attività dei governi, si apporta molta più responsabilità per i politici e maggiore partecipazione dei cittadini. Per esempio nelle spese pubbliche, i cittadini possano verificare come vengono spesi i soldi delle tasse o chi influisce su un partito politico, limitando corruzione e sprechi. Il livello di trasparenza ora è maggiore e tutto il sistema democratico si apre come non era mai successo prima. Ora il passo successivo alla trasparenza è di far decidere ai cittadini come spendere i soldi pubblici quotidianamente. Prima di internet tutto questo non era possibile: le persone sarebbero dovute andare negli uffici, trovare i report, le cartelle ecc. o cercare di raccogliere centinaia di firme cartacee anche solo per riparare un marciapiede.

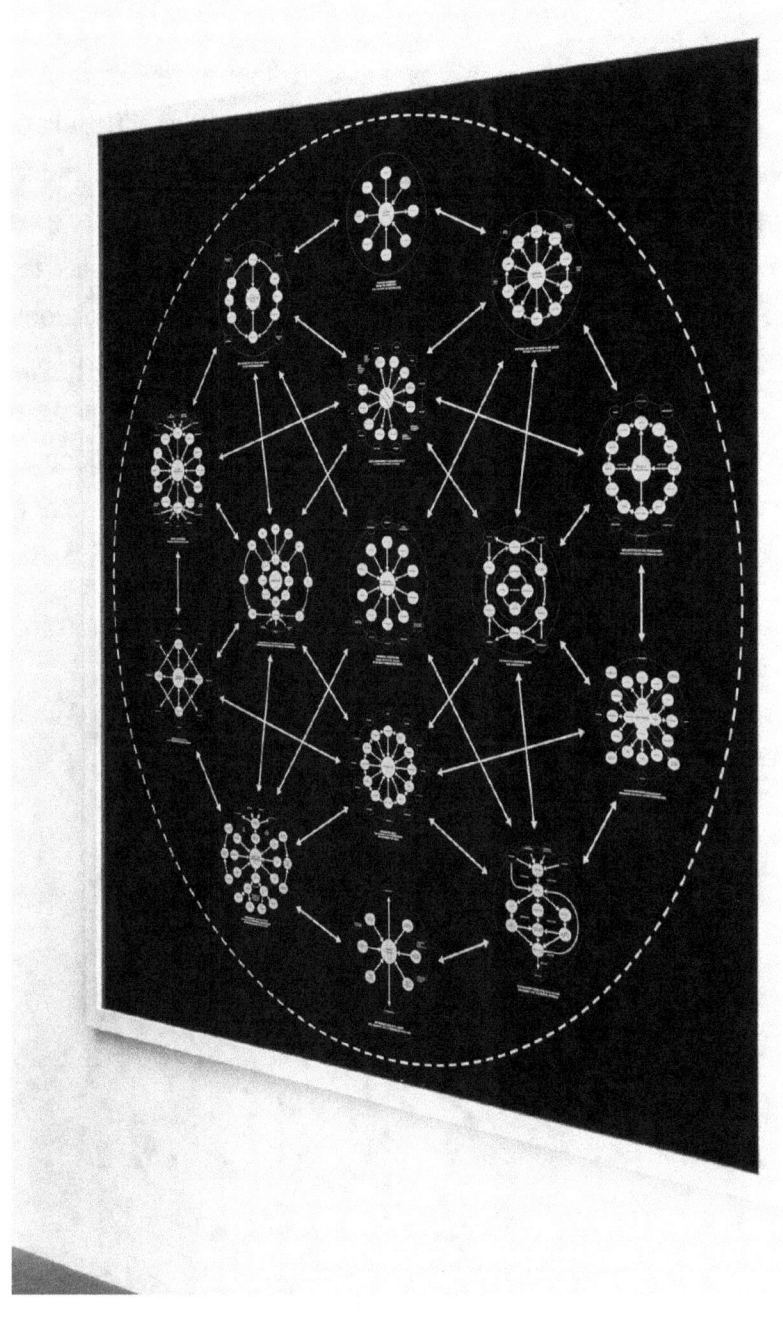

Paolo Cirio, Global Direct, presso Galleria Giorgio Persano, Torino, 2019

In che modo fai attività politica?

Io faccio attività politica da una vita. Ho iniziato con le campagne politiche contro la guerra nel 2001. Come per molti altri italiani della mia generazione, la mia partecipazione è diventata molto più attiva dopo il G8 di Genova. Nello stesso tempo sono sempre stato interessato all'arte, per cui ho sempre studiato storia dell'arte, storia del cinema, storia del teatro, cercando di combinare questi interessi. Le avanguardie critiche e artistiche mi hanno sempre appassionato e ho utilizzato i nuovi media, le nuove strategie che rendono possibile oggi fare arte politica, attiva. Adesso mi occupo soltanto di arte perciò definisco ogni mia azione un'operazione artistica con contenuti politici.

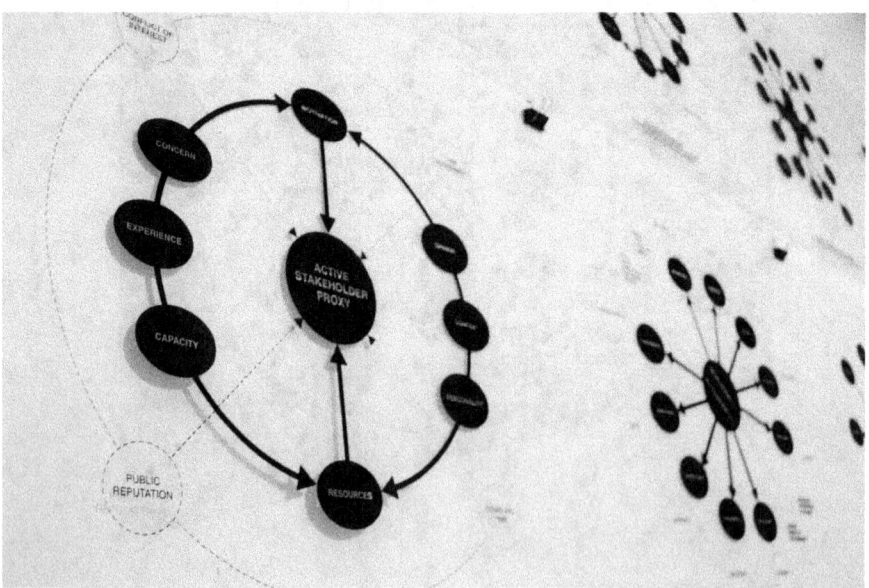

Paolo Cirio, Global Direct, presso il museo Vancouver Art Gallery, 2015

Alcuni tuoi lavori precedenti sono sfociati in atti illegali, penso ad esempio al rapporto che hai avuto con PayPal. Possiamo considerare il "confronto" parte integrante della tua poetica?

In un certo senso sì. Il fatto che nella mia poetica sia incluso l'utilizzo dei media e di internet, in modo spesso sovversivo, mi porta all'interno di queste zone grigie della legge. L'illegalità è funzionale per far comprendere cosa c'è dietro, per mostrare le illegalità non riconosciute e non percepite come tali. In particolare, identificare la differenza fra legge ed etica, e dunque come alcune leggi siano in realtà ingiuste e specialmente inadeguate ai nostri tempi. Ad esempio PayPal mi ha accusato di fare attività illegale vendendo aziende nelle Cayman. Il problema, però, è che PayPal ha sede in Lussemburgo per cui non paga le tasse sui grandi guadagni realizzati in giro per il mondo. La stessa cosa è successa con Facebook che mi ha accusato di fare attività illegale rubando le immagini dei suoi utenti. Peccato che allo stesso tempo Facebook stia violando diverse leggi sulla privacy in diverse nazioni europee, e potrei continuare con altri esempi. Quindi sì, i miei progetti spesso sono illegali, ma le mie violazioni sono finalizzate a smascherare quelle dei miei accusatori.

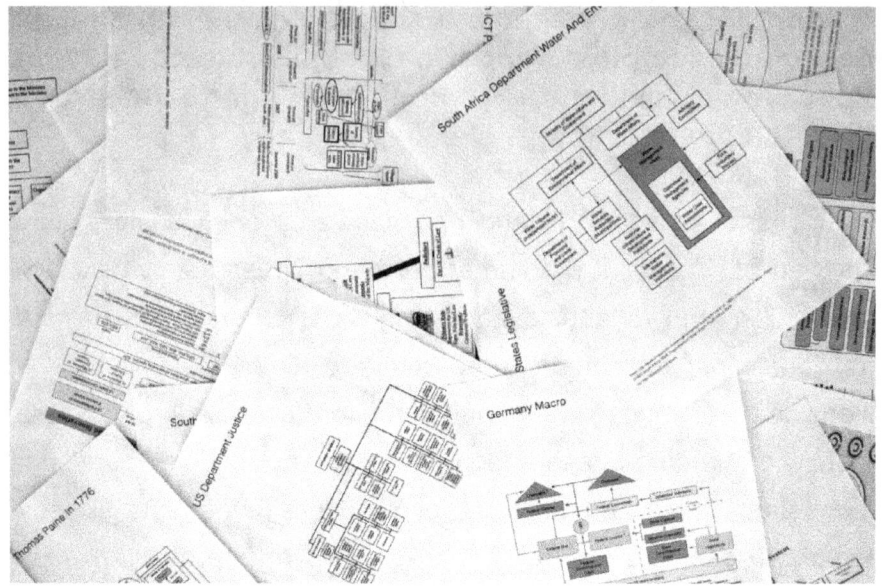

Paolo Cirio, Global Direct, presso il museo DOX, Praga, 2014

I tuoi lavori spesso si confrontano con lo spazio immateriale del web, ma non escludono, come in questo caso, una concretizzazione, quasi didattica, nello spazio materiale di una galleria, di un museo, di una piazza ecc. Come far convivere questi due tipi di territori? Lo spazio chiuso di una galleria o di una stanza di un museo non lo percepisci come troppo claustrofobico?

Sì, in generale preferisco lavorare negli spazi pubblici, come una piazza o internet, per raggiungere un pubblico che solitamente non si interessa d'arte, anche perché, essendo spesso argomentazioni politiche, il messaggio deve essere il più diffuso possibile. L'installazione all'interno delle gallerie è un modo per documentare ciò che è successo nel mio lavoro: molti di questi progetti sono effimeri perché legati alla tecnologia o performativi e tendono a scomparire facilmente. Quindi la mostra in uno spazio fisico è un modo per formalizzare una documentazione su quanto è avvenuto:

la galleria diventa un luogo per storicizzare il lavoro svolto durante il processo di realizzazione e attuazione. C'è anche un'altra questione che potremmo definire estetica: come riuscire a traslare un materiale così effimero e virtuale – quello della comunicazione digitale – come tradurlo in una materialità che altrimenti non si riuscirebbe a percepire. Mi interessa materializzare un'informazione e il processo con cui questa informazione viene utilizzata per uno scopo specifico.

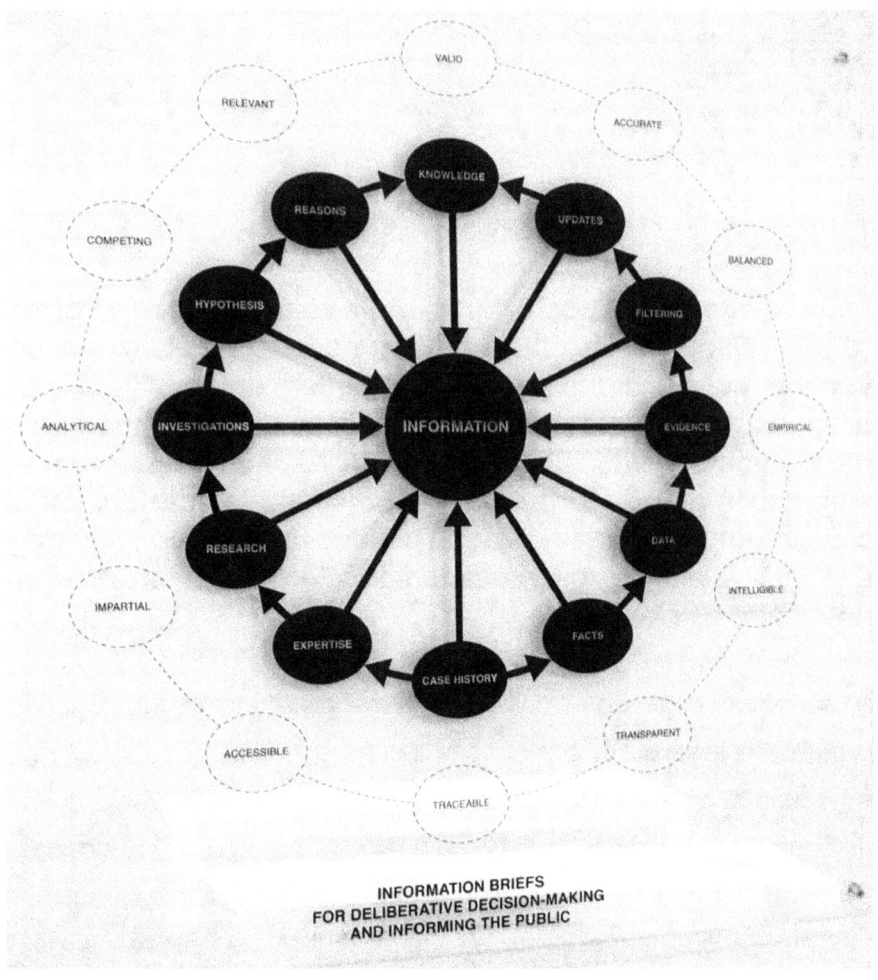

Paolo Cirio, Global Direct, presso il Palazzo del Governatore Parma, 2014

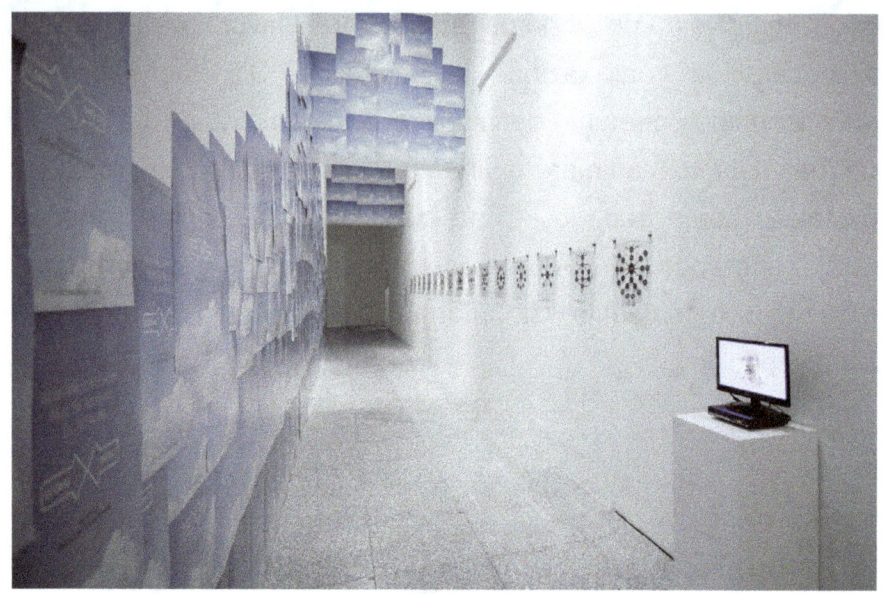

Paolo Cirio, Global Direct, presso Artium Museum, Basque MCoCA, 2016

Il lavoro che hai proposto per la prima volta a Praga e a Parma (*Global Direct*) si struttura attraverso quattro elementi: un video in cui sono comprese alcune interviste, manifesti che propongono uno slogan elettorale, dispense che illustrano il meccanismo politico alla base del nuovo partito, e diagrammi stampati in grande formato che forniscono indicazioni utili a comprendere la partecipazione politica del singolo individuo e il suo relativo ruolo decisionale. Perché questo tipo di costruzione scientifica?

Mi sono reso conto che il diritto, come disciplina o come scienza, non è molto esplicativo per come viene insegnato a scuola e tanto meno è materia di conoscenza comune. Quindi sì, il progetto vuole anche riproporre la scienza del diritto come qualcosa che l'artista può indagare e rivelare ed eventualmente riformulare come un sistema di segni e funzioni. Per queste ragioni vuole essere didattico e scientifico: i quindici diagrammi che ho disegnato indicano infatti come i sistemi attuali possano essere ricomposti in modo molto più partecipativo. La stessa cosa vale per le dispense, altra parte che compone il progetto, nelle quali è documentato come in varie nazioni la scienza politica – e con essa il diritto – sia rimasta a cento o duecento anni fa e come questi problemi siano molto comuni, anche se apparentemente distanti tra di loro. Se confronti come viene gestito il potere politico negli Stati Uniti o in Cina o in Iran non vedrai molte differenze, perché è tutto basato su un sistema piramidale e verticale: se non hai il presidente troverai il dittatore, ma la situazione non cambia molto. Da questi punti didattici e scientifici si costruisce una narrativa del possibile movimento politico per una democrazia diretta a livello globale: arrivano quindi i manifesti e il simbolo politico, arrivano gli slogan ecc. Quest'ultimo è un livello narrativo superiore che parte da una base scientifica. Inoltre c'è un ulteriore piano documentativo che vuole riflettere su quanto sta succedendo oggi nel mondo: interviste ad attivisti e filosofi che stanno realizzando tale narrativa e utilizzano questa materia scientifica. Possiamo dunque affermare che il progetto si compone di tre livelli: uno didattico-scientifico, uno narrativo e uno documentativo.

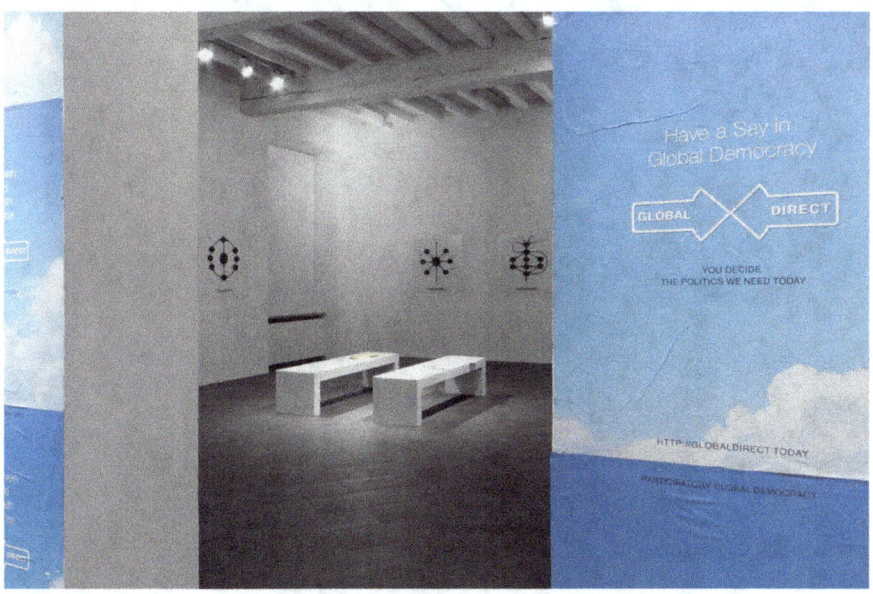

Paolo Cirio, Global Direct, presso il Palazzo del Governatore Parma, 2014

Riflettendo sul tuo lavoro possiamo parlare di cultura hacker? E questo cosa significa?

Faccio fatica a rispondere. Cultura Hacker come definizione è molto ampia, dipende dal contesto in cui la parola Hacker viene utilizzata. Potrei risponderti di sì perché i miei lavori in un certo senso promuovono una cultura di trasparenza, il diritto alla protezione della privacy e incoraggiano l'utilizzo di internet per un'evoluzione sociale intesa come ridistribuzione della conoscenza. Quindi in quel senso specifico sì. Non sono particolarmente interessato alla tecnologia in quanto tale, bensì alle evoluzioni sociali che la nostra epoca vive e subisce. Lavoro sui cambiamenti sociali e su ciò da cui sono influenzati, nel nostro caso da internet. In questo senso posso allora definirmi un hacker.

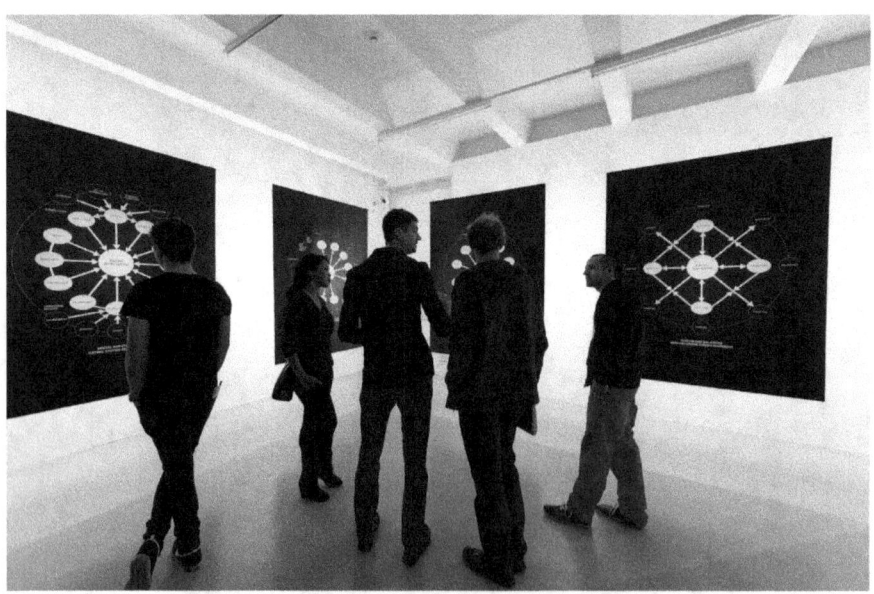

Paolo Cirio, Global Direct, presso il museo DOX, Praga, 2014

Opere come quelle che tu in questi anni stai proponendo hanno bisogno di supporti culturali che spaziano dalla geopolitica, all'economia, all'ingegneria informatica ecc. è questa una delle possibili direzioni di un operatore culturale nel 2014?

Decisamente sì. Credo sia corretto affrontare tale questione poiché viviamo in un tempo in cui complessità politiche, economiche e tecnologiche si intrecciano insieme costantemente, con incredibile velocità ed essendo tutti collegati in un network global, l'azione di un singolo può avere un vasto impatto, infatti un'artista come un terrorista o un giovane politico in pochissimo tempo può raggiungere un numero enorme di persone, e influenzare strutture di poteri forti. Ritengo che oggi un artista non possa interpretare il contemporaneo senza indagarne la complessità, parlare di economia, senza fare ricerca sugli aspetti tecnici dell'economia stessa, come non potrebbe disinteressarsi di geopolitica e cercare di comprendere in quale modo essa venga influenzata dalla tecnologia. Perciò la geopolitica, l'economia e il diritto sono discipline che ho ricominciato a studiare approfonditamente. Non leggo più filosofia da molto tempo e non seguo ideologie precise: credo sia la conseguenza di una precisa condizione contemporanea, perché ritengo necessaria una rivalutazione del reale, che ora può essere indagato e gestito in modo ottimale dalle nuove tecnologie. Questo momento storico è importantissimo per ricostruire e riparare le nostre economie, governabilità, educazione e ambiente, andando ad operare direttamente nei malfunzionamenti, quasi meccanici. Tuttavia la vera crisi rimane per me il valore sociale e culturale che viene ancora dominato da una vecchia classe di potere che ha corrotto gli ultimi cinquant'anni di civilizzazione, ed ora, per paura di perderne il controllo, sta diventando ancora meno democratica.

Nelle tue proposte ritroviamo quasi una metodologia di costruzione architettonica dello spazio immateriale. Evidenzi spazi privati o di servizio e spazi pubblici o d'aggregazione. Immagini una città utopica in cui i luoghi di relazione risultano essere autonomi e capaci di autogestirsi. Come pensi sarà lo sviluppo delle nostre città nel futuro prossimo?

Penso che il futuro possano essere le città stato. Si parla di decentralizzazione, di percepire la società contemporanea basata su network, su nodi, su collegamenti policentrici e circolari. Il punto è come queste città, questi piccoli nuclei, questi nodi di tale vasto network possano interagire sullo stesso livello di valori sociali ed economici. Non bisogna pensare a un nuovo Medioevo o a un nuovo Rinascimento della città stato capitale, con le proprie leggi e con la propria economia, perennemente in contrasto con la città a fianco, ma a città che, pur avendo le proprie leggi e la propria moneta, mantengano una mutua relazione con il corrispettivo nodo vicino, con mutui collegamenti che si estendono fino a livello globale.

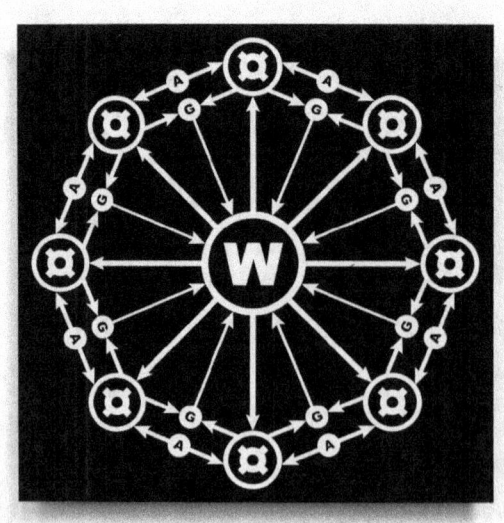
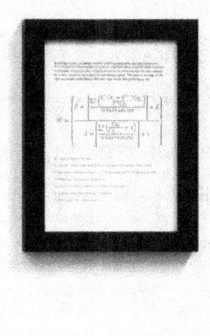

Paolo Cirio, World Currency, presso Galleria Giorgio Persano, Torino, 2019

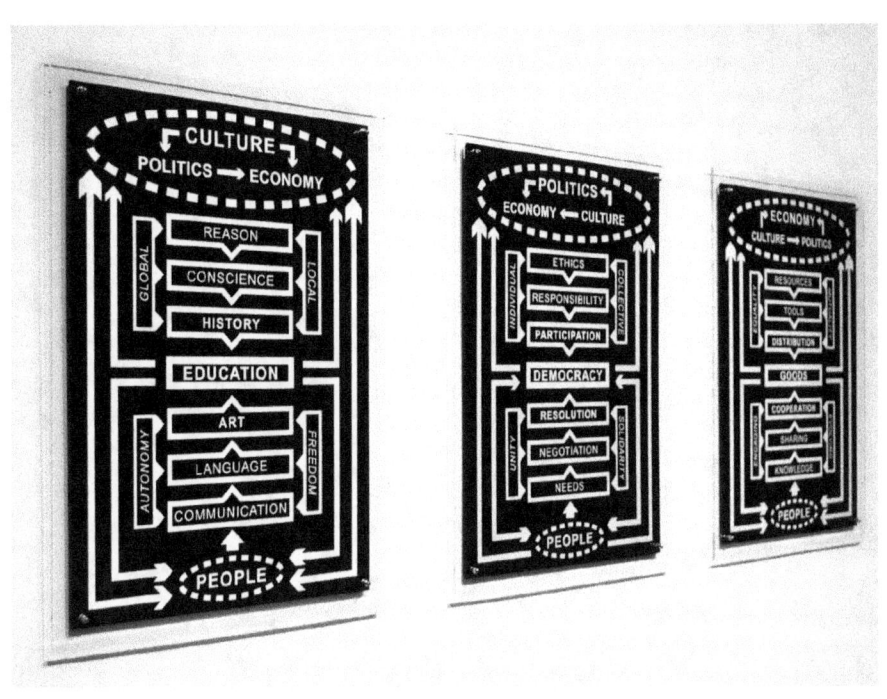

Paolo Cirio, Open Society Structures, dettaglio, 2009

Paradossalmente, il lavoro che ho realizzato sui paradisi fiscali e sulle società offshore parla proprio di città-stato, della loro autonomia. Perché questi paradisi fiscali si basano sul fatto che, per sovranità nazionale, possono avere leggi proprie non sottoposte ad alcun controllo. Ma contemporaneamente le loro decisioni influenzano l'intera popolazione globale. Questa è la possibile conseguenza negativa della decentralizzazione della città-stato, ma anche di una globalizzazione che è avanzata e non è mai stata formata politicamente. Per questa ragione è necessaria una costituzione universale che salvaguardi i diritti politici ed economici globali e dare la sovranità al cittadino di ogni comunità e del pianeta. Queste idee sono anche espresse nei miei lavori *World Currency* (2014) e inizialmente in *Open Society Structures* (2009).

QUANDO L'ARTE DIVENTA RESISTENZA

Martina Giuffrè

Quando l'arte diventa resistenza
Di Martina Giuffrè, 2018

Paolo Cirio è un artista concettuale e hacktivista italiano che ormai da diversi anni vive ed esercita la sua attività negli Stati Uniti. I suoi lavori non solo indagano i campi sociali influenzati da internet, come privacy, copyright, democrazia e finanza, ma vengono realizzati tramite la raccolta, elaborazione e gestione di grosse quantità di dati e l'utilizzo di sofisticati algoritmi scritti e programmati da Cirio.

La sua attività artistica riguarda i sistemi culturali, giuridici ed economici della società dell'informazione e si concentra, in particolare, su come la società contemporanea sia profondamente influenzata dal controllo sul flusso informativo messo in atto da istituzioni sia pubbliche che private.

Il suo primo lavoro di portata internazionale risale già al 2001, è intitolato *STOP the NATO* e si compone del sito web StopTheNATO.org, contenente notizie riguardo l'espansione dell'organizzazione nell'Europa dell'Est, le sue basi militari e le sue operazioni, in particolare dopo l'11 settembre. Con questo progetto Cirio ha creato anche una serie di cyber attacchi contro il sito della NATO e i suoi vertici attraverso DDoS partecipativi, ossia attacchi distribuiti di tipo denial-of-service. I suddetti attacchi sono stati ampiamente pubblicizzati a livello internazionale dall'artista stesso, che ha inoltre fornito strumenti accessibili per la partecipazione del pubblico. Per di più, in occasione di un incontro chiave dei leader della NATO nella base Pratica di Mare, vicino Roma, nel maggio 2002, Cirio – appena ventiduenne – ha organizzato la giornata anti-NATO, durante la quale gli attivisti pacifisti hanno potuto inondare il sito web dell'organizzazione tramite uno script Flash programmato e distribuito dall'artista stesso.

Il merito di questa operazione sta nell'aver coadiuvato l'azione degli attivisti contro la guerra a livello internazionale, non solo tramite le analisi geopolitiche, ma anche grazie al modo in cui le informazioni sono state raggruppate e diffuse attraverso la piattaforma costruita ad hoc. Il progetto ha ricevuto una copertura mediatica internazionale e la pericolosità delle tecnologie sviluppate ha spinto il Dipartimento della Difesa del Canada e degli Stati Uniti ad investigare sull'attività dell'artista italiano.

Il lavoro di Cirio, manipolando i mezzi di comunicazione e di informazione, rompe spesso i confini della rappresentazione, andando oltre l'uso di un singolo media e concentrandosi sull'ambiente informativo creato dal flusso dei dati. Egli stesso si definisce un tactical media artist e in un'intervista con Tatiana Bazzichelli per Digicult, distinguendo tattica e strategia, spiega:

> *Preferisco definire "tattica" lo studio e la scelta dei mezzi e del modo di utilizzarli, quasi a livello tecnico; mentre la "strategia" inerisce alla pianificazione di azioni coordinate per il conseguimento di un obiettivo. Mi definisco 'tactical' principalmente perché le mie pratiche coinvolgono media alla portata di tutti, ma utilizzati creativamente e condotti oltre i limiti delle loro potenzialità.*

La pratica artistica di Cirio, dunque, oltre a coinvolgere una pluralità di media diversi, incarna i conflitti, le contraddizioni, i limiti e le potenzialità inerenti alla complessità sociale della società dell'informazione, attraverso un approccio critico e proattivo. Rispetto alle strategie comunicative che adotta e al conseguente linguaggio che sceglie, Cirio afferma di procedere per livelli, e spiega:

La mia strategia è adattare il linguaggio ai diversi tipi di audience che voglio raggiungere. In più, in base agli obiettivi, è necessario riuscire a lavorare su diversi livelli, in modo quasi simultaneo. È chiaro che per ogni livello esiste un diverso tipo di linguaggio. Ad un primo livello, dove si situa il pubblico più ampio, il linguaggio deve essere semplificato e comprensibile. Spesso uso il linguaggio del marketing perché è diventato una sorta di lingua comune e ha molta presa sulle persone. Su un secondo livello c'è il linguaggio dell'obiettivo – e qui per obiettivo intendo il target – che può essere un'azienda, una legge che manca, una questione economica o relativa alla privacy che si deve risolvere, e in questo caso il linguaggio può diventare molto tecnico, quindi business language o, recentemente, legal. Il terzo livello, ossia quello dei mass media, mi serve per aumentare la portata del progetto, e in questo caso uso un linguaggio sensazionalistico o provocatorio, in questo modo i giornalisti si interessano e ripubblicano l'opera che, di conseguenza, acquisisce più pubblico e anche più influenza sul target. Ad un quarto livello, che è quello dell'arte contemporanea ed è molto specifico, presento il progetto anche con degli essays e quindi degli spunti teorici che possano indirizzare la comprensione estetica. Infine, l'ultimo livello è quello del mercato dell'arte contemporanea, che mi serve sia per sostenere economicamente il tutto, sia per crescere a livello artistico. A questo punto il linguaggio diventa plastico, quindi un'opera-oggetto che rappresenti l'intero progetto e che, in alcuni casi, può arrivare ad essere un quadro incorniciato.[2]

Le sue tecniche di ricontestualizzazione e appropriazione di informazioni sensibili creano nuovi modi di vedere, comprendere e sfidare i processi e le dinamiche che caratterizzano i sistemi sociali contemporanei. Cirio spesso sfrutta l'ironia, il linguaggio popolare e un'estetica seducente per coinvolgere un vasto pubblico in opere d'arte su temi critici. Le sue opere mirano a far emergere e rendere evidenti le contraddizioni e ad esporre i meccanismi, contestando i loro processi, con lo scopo di ridimensionare le funzioni e le percezioni dei sistemi sociali e cognitivi. Le opere di Cirio, diventano agenti attivi, suscitano le reazioni dei soggetti delle azioni artistiche e la partecipazione del pubblico. Le interazioni e i processi delle operazioni generano performances artistiche all'interno dei sistemi mediali e queste stesse performances coinvolgono gli spettatori in dibattiti critici.

Privacy e sorveglianza nelle opere di Paolo Cirio

Temi che acquistano particolare rilevanza nell'opera di Paolo Cirio riguardano la sorveglianza, la privacy e il trattamento, la gestione e la protezione dei dati personali all'interno della società dell'informazione.

Uno tra i progetti artistici realizzati nel 2012 è intitolato *Street Ghosts*: il processo di realizzazione è più semplice rispetto ad altre opere dell'artista, ma il risultato finale è particolarmente efficace e d'impatto. Ciò che Cirio fa, è individuare su Google Street View foto di individui accidentalmente immortalati dalle Google Cars, stamparle su poster a colori e a grandezza naturale, e successivamente affiggerle esattamente nello stesso posto in cui le foto erano state scattate dalle macchine di Google. Le immagini, debitamente offuscate e tagliate lungo i bordi in modo da mantenere la naturale fisionomia dei corpi, appaiono come fantasmi, figure spettrali che invadono i muri di New York, Londra e Berlino. Quest'opera ready-made si serve delle informazioni accumulate da Google, facendole diventare materiale artistico. Partendo dal presupposto che le immagini divenute globalmente accessibili appartenevano, in primo luogo, a individui che non

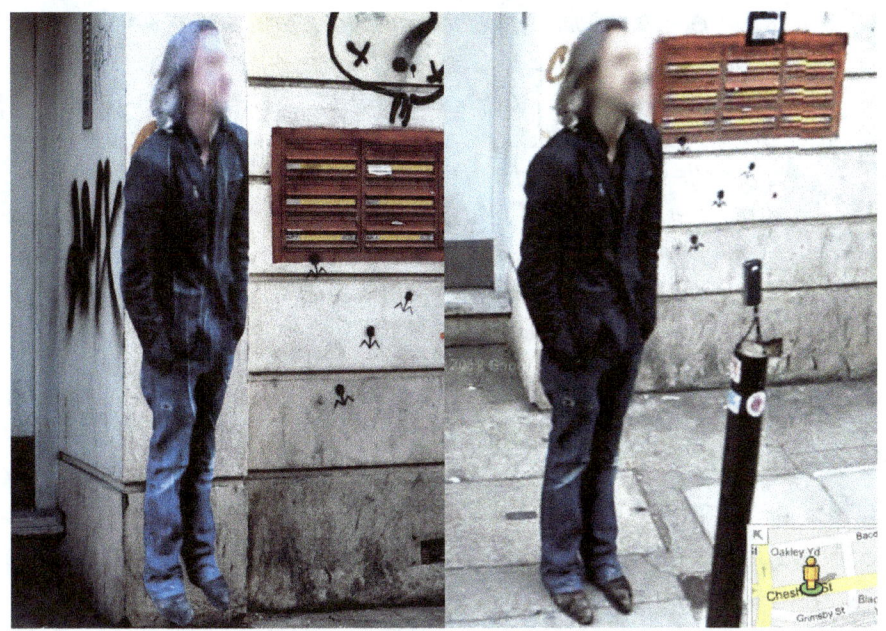

Paolo Cirio, Street Ghosts, 12 Cheshire Street, London, 2012

avevano dato a Google alcun permesso o consenso al trattamento, l'artista italiano capovolge questa logica e, senza chiedere alcuna autorizzazione al colosso di Mountain View, le piazza nello spazio pubblico. La scelta della forma della street art è parte di una precisa strategia comunicativa, ma vuole anche essere una riflessione sulla smaterializzazione graduale che la società contemporanea subisce da parte di tecnologie invisibili e oscure. Cirio stesso spiega:

> Ho scelto la forma della street art principalmente per una questione di linguaggio, per cui raggiungere un pubblico più ampio. Considera che la street art, per me, è già di per sé un medium pop e ha un pubblico molto vasto. Una fotografia di un poster in strada o di un graffito, spesso, circola molto di più di un'opera concettuale dentro una galleria, per cui per me la street art è un linguaggio da usare per rendere più conosciute problematiche e questioni sociali. In più,

la street art è una pratica molto manuale e soprattutto materiale e attraverso la materialità posso rendere visibile qualcosa che, di natura, spesso non lo è, o comunque è difficile da visualizzare, o magari è molto complesso e la complessità lo rende indecifrabile. Attraverso la materialità e quindi, in molti casi, la forma della street art, riesco a semplificare questi argomenti un po' oscuri e ancora misteriosi, e a riportarli nel campo visivo a cui siamo abituati. [3]

Street Ghosts, oltre ad essere un'opera di street art, è anche una performance che non solo ricontestualizza i dati, ma anche un conflitto. Cirio stesso esplica che si tratta di una performance sul campo di battaglia, che scatena una guerra tra interessi pubblici e privati rispetto al controllo delle informazioni e delle abitudini degli individui. Nel testo critico che accompagna il progetto, l'artista italiano spiega che i corpi spettrali rappresentano i danni collaterali della info-war combattuta tra aziende, governi, popolazione civile e algoritmi.

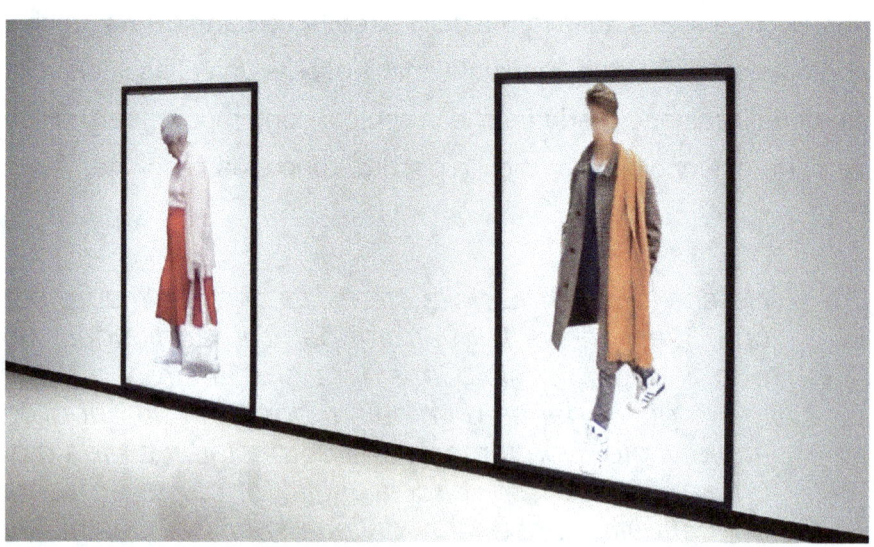

Paolo Cirio, Street Ghosts, presso il museo Alhondiga, Bilbao, 2013

Un altro progetto con cui Cirio esplora i temi della privacy e in particolare della sorveglianza continua che gli individui subiscono nella società contemporanea è *Overexposed*, lanciato nel 2015. Nonostante questo lavoro abbia in comune con il precedente la forma della street art e il macro-tema del trattamento e della gestione dei dati personali, esistono profonde differenze sia nello sviluppo che negli obiettivi dei due progetti.

Nel ciclo *Overexposed*, Cirio si appropria di nove fotografie private e non autorizzate di altrettanti alti responsabili dell'intelligence americana[4] e le mette in circolazione nello spazio pubblico e nel mondo dell'arte grazie a una tecnica da lui inventata, che consente la creazione di una riproduzione ad alta qualità di un'immagine fotografica con stencil e bombolette spray. Rispetto a questa tecnica innovativa Bruce Starling afferma:

> *Fare stencil è l'atto di prendere la tipica bomboletta spray e applicarla a un pezzo di cartone precedentemente tagliato con un coltello X-acto. La stencil street art è un'attività artigianale molto pratica. Essendo io uno scrittore, non dipingo le pareti delle città con stencil di cartone, ma certamente l'ho visto fare. Trascorro un sacco di tempo con i laser cutter, per essere uno scrittore almeno, eppure non mi è mai passato per la mente che i laser cutter digitali potessero migliorare radicalmente il mestiere artigianale della stencil street art. È stato necessario il considerevole genio di Paolo Cirio per compiere questo salto verso gli "stencil ad alta definizione". Questo progresso artistico è ovvio, ma solo a posteriori. [5]*

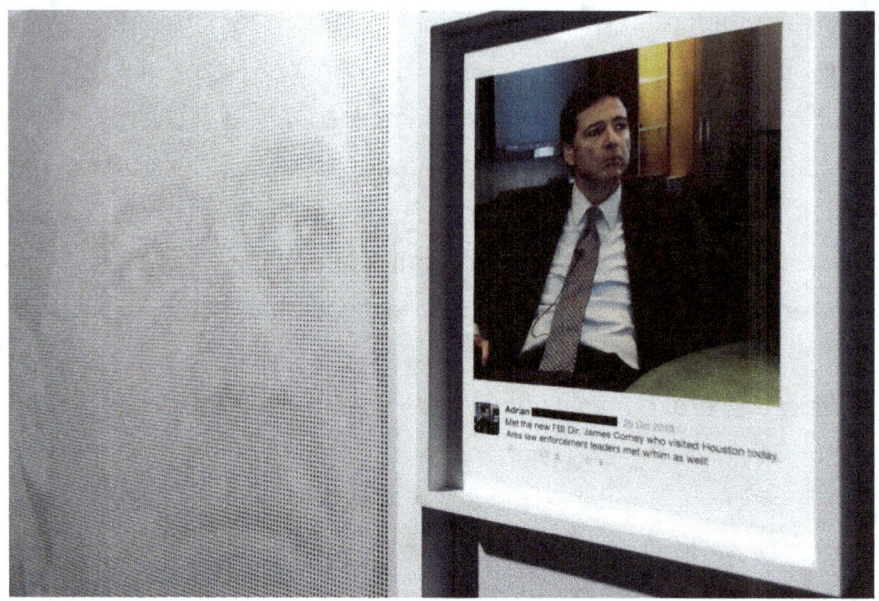

Paolo Cirio, Overexposed, presso il museo C/O Berlin, 2017

Con questo progetto Cirio intende violare il privato degli ufficiali che stanno coordinando la più massiccia invasione della privacy di tutti i tempi, agendo nell'ombra delle grandi agenzie segrete – come la CIA o l'NSA – che rappresentano.

L'opera è una satira rivolta all'era della sorveglianza costante e ai personaggi politici iper-mediati, realizzata esponendo pubblicamente i responsabili della sorveglianza di massa segreta e dei programmi di intelligence iper riservati. Cirio spiega che il progetto riflette anche sul modo in cui foto iconiche di questi leader politici circolano oggi, considerato che spesso quelle foto sono scattate e pubblicate dagli stessi funzionari dell'intelligence al fine di promuovere la loro immagine pubblica sui social media e legittimare in tal modo la loro popolarità.

Nel testo critico del progetto l'autore spiega che il concetto artistico di *Overexposed* trascende il suo discorso politico per mostrare, piuttosto, come i costrutti culturali possano essere influenzati semplicemente creando un nuovo contesto per far circolare le informazioni. Più avanti aggiunge che, una volta assimilati dal mondo dell'arte e dalla subcultura della street art, i funzionari governativi diventano icone pop e rappresentano un memorandum del fatto che siamo tutti, in ultima istanza, vittime delle società di social media e della sorveglianza su internet in generale.

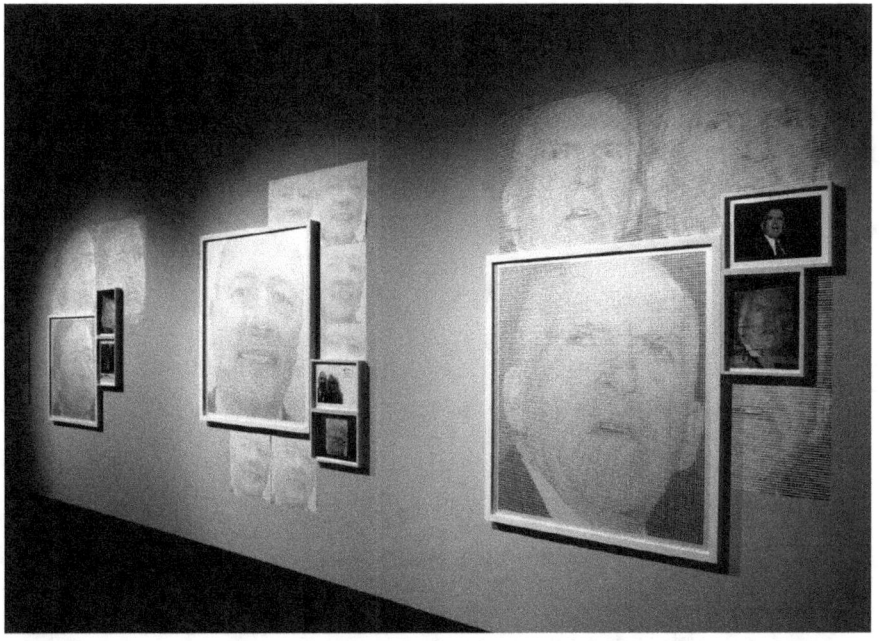

Paolo Cirio, Overexposed, presso il museo C/O Berlin, 2017

Un tema molto attuale e rilevante di cui Cirio si è occupato riguarda l'applicazione del diritto all'oblio e più in generale il controllo e l'accesso alle informazioni personali degli utenti su internet. Il progetto con cui affronta queste problematiche risale al 2016, è intitolato *Obscurity* ed è composto da più di quindici milioni di foto segnaletiche di persone arrestate negli Stati Uniti[6] negli ultimi venti anni. Il processo artistico di quest'opera si rivela particolarmente complesso e articolato: Cirio seleziona sei tra i più famosi siti specializzati in foto segnaletiche degli Stati Uniti, clona sei siti e ne offusca i casellari giudiziari rendendo le fotografie sfuocate e mescolando i dati dei soggetti incarcerati. Il progetto, inoltre, comprende una funzione partecipativa che consente alle persone di giudicare gli individui arrestati, decidendo se mantenere o rimuovere le loro fedine penali dai siti di foto segnaletiche.

Questo lavoro dispiega una serie di problematiche cruciali, come il diritto alla privacy, la sorveglianza di massa, la profilazione e il sistema di partecipazione all'interno delle dinamiche sociali. Il progetto, inoltre, mette in discussione i quadri giuridici delle politiche pubbliche sulla privacy e la profilazione dei cittadini e coinvolge il pubblico in un dibattito critico su queste tematiche.

Per comprendere fino in fondo la portata e l'impatto di *Obscurity* è importante sottolineare che gli Stati Uniti hanno il più alto tasso di incarcerazioni al mondo, con le prigioni locali e nazionali che ammettono tra gli 11 e i 13 milioni di persone ogni anno. Probabilmente è anche per questa ragione che, specialmente dal 2013 in poi, i siti specializzati in foto segnaletiche si sono diffusi a macchia d'olio sul web, pubblicando fotografie di persone arrestate senza considerare né la quantità di tempo trascorso in prigione – in moltissimi casi per reati minori e non violenti – né se le persone, in seguito, fossero state giudicate innocenti o se le accuse nei loro confronti fossero cadute.

Come Cirio stesso fa notare nel testo critico dell'opera, questi siti sono progettati appositamente per suscitare imbarazzo e vergogna, considerato che le foto possono rovinare la reputazione delle persone con un vero e proprio stigma sociale e i relativi pregiudizi nelle loro comunità, famiglie e luoghi di lavoro, specialmente se le suddette persone stanno cercando un impiego o stanno cercando di ottenere un'assicurazione o un prestito.

A livello tecnico l'artista si è servito di un software di screen-scraping per ottenere le foto segnaletiche, ha clonato sei mug-shot websites utilizzando dei domini con nomi del tutto simili agli originali e ha poi mischiato i dati relativi agli individui, al fine di proteggerne l'identità e la privacy. L'algoritmo creato per offuscare i dati fa sì che il nome e la foto di un individuo non siano mai corrispondenti alla reale persona arrestata, esso scansiona gli individui con lo stesso genere, età, etnia e incrocia i loro nomi e cognomi, mantenendo però inalterati altri dettagli, come i reati e il luogo dell'arresto. L'algoritmo infine pubblica nuovamente questi dati sul web utilizzando tecniche di search engine optimization (SEO) per promuovere la versione clonata dei siti, con l'obiettivo di interferire realmente con l'attività, la reputazione e il business dei siti di foto segnaletiche.

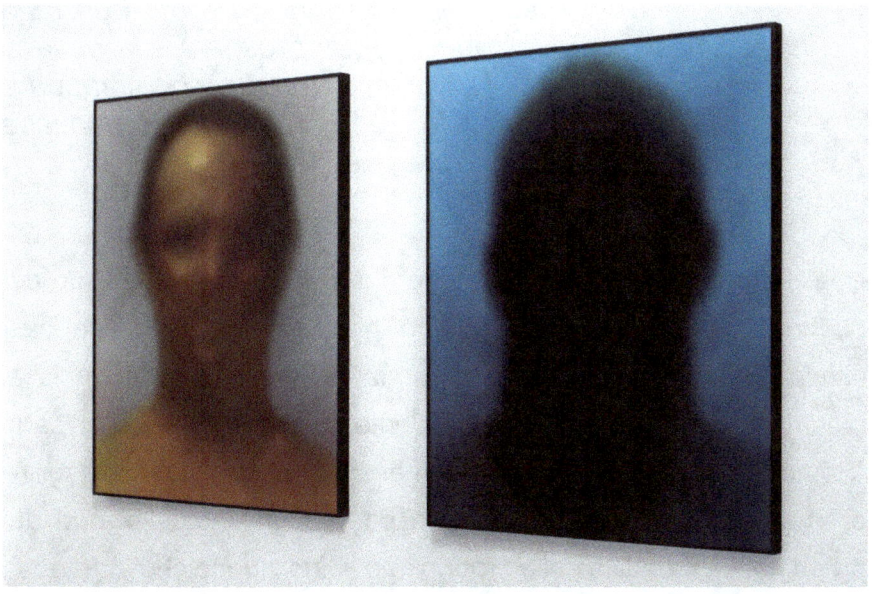

Paolo Cirio, Obscurity, presso NOME al 208 Bowery, New York, 2016

Come detto in precedenza, Cirio, è un artista concettuale, ma è anche un hacktivista che, oltre ad abbracciare l'etica hacker e condividerne i valori, sfrutta, nei suoi lavori, gli stessi strumenti a cui in un certo senso si oppone, spogliandoli di qualsiasi retorica, evitando di connotarli positivamente o negativamente, trattandoli e maneggiandoli semplicemente per quello che sono: media. Nel caso di *Obscurity*, ad esempio, ci si riferisce all'algoritmo da lui scritto e programmato, rispetto al quale Cirio spiega:

> *Per me, il codice, non è solo veicolo di un potere oppressivo, né, tantomeno, è l'utopia della tecnologia, si tratta solo di uno strumento. In alcuni progetti, come ad esempio nel caso di Obscurity, uso proprio un algoritmo per rendere offuscati i dati delle persone arrestate negli Stati Uniti, per cui l'algoritmo è creato appositamente per proteggerne la privacy, ma, allo stesso tempo, l'algoritmo cerca di mantenere corretti alcuni dati, per permettere di capire se la polizia abbia o no abusato del proprio potere di arrestare. In questo caso l'algoritmo, quindi, ha due funzioni ed il mio scopo è far capire che un algoritmo ben fatto può risolvere questo problema: preservare la privacy delle persone e allo stesso tempo non intaccare la trasparenza, agendo su un livello che mantiene l'equilibrio tra queste due questioni.* [7]

Una parte fondamentale dell'opera riguarda la partecipazione del pubblico, che ha la possibilità sia di giudicare gli scenari dei casi criminali campionati dal database, sia di inviare una denuncia ai motori di ricerca e ai mug-shot websites. Attraverso i due pulsanti "Remove it" e "Keep it", il pubblico è messo nella condizione di stabilire chi tra le persone arrestate potrà ottenere la cancellazione dei propri dati personali e delle proprie foto. Cirio spiega che attraverso questa specie di sistema giudiziario partecipativo intende esplorare le sfumature filosofiche ed etiche del perdono, della responsabilità, dell'umiliazione pubblica, della privacy e della sicurezza. Con *Obscurity* l'artista propone un sistema giudiziario democratico che potrebbe essere d'aiuto per comprendere il crimine come un problema relativo alla comunità, portando attenzione alle vittime di incarcerazioni di massa negli Stati Uniti e al sistema di giustizia e delle forze dell'ordine che hanno creato questa situazione.

Il progetto punta a incrementare la comprensione e promuovere il cambiamento riguardo i contesti giuridici, economici e sociali legati alle informazioni che circolano online. Più nello specifico, *Obscurity* sostiene la necessità di una regolamentazione statale sulla pubblicazione delle informazioni giudiziarie e propone di mantenere tutte le cause civili depositate in aule di tribunale e negli uffici di forze dell'ordine all'interno di piattaforme web che richiedono una registrazione, al fine di garantire che solo professionisti qualificati potranno avere accesso a determinati dati. L'ultimo atto di Cirio rispetto al progetto è stato scrivere e progettare l'internet privacy policy *Right to Remove*, che sostiene il diritto legale di rimuovere le informazioni personali dai motori di ricerca, adattando il diritto all'oblio (Right To Be Forgotten) agli Stati Uniti. Rispetto alla legislazione europea, quella americana, oltre a sollevare particolari problematiche rispetto alla libertà di espressione e di stampa, prevede che le informazioni su un individuo debbano essere rimosse da internet nel momento in cui risultino "inadeguate o non più rilevanti". Come si intuirà questa definizione manca di responsabilità e trasparenza riguardo il processo di decision-making e il tipo di informazioni che dovrebbero essere rimosse dai motori di ricerca. Per questi motivi l'opera di Cirio punta a stabilire precise categorie di informazioni da considerare sensibili, e di conseguenza non ricercabili pubblicamente su internet.

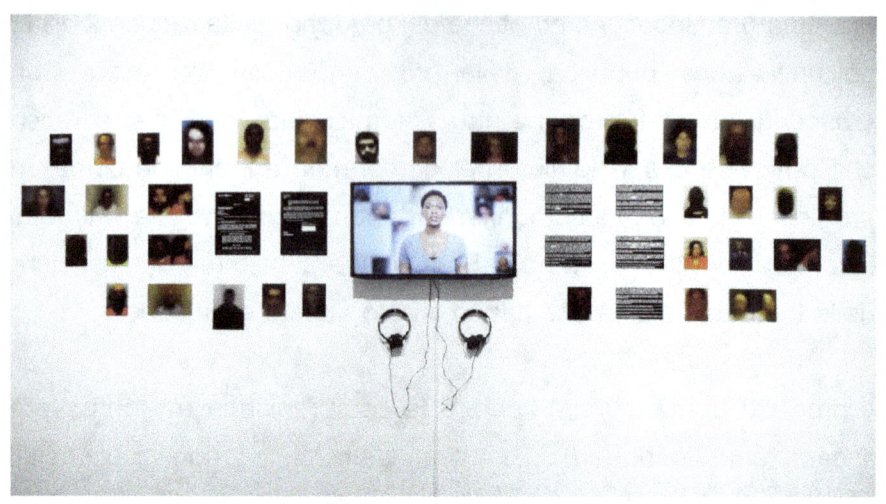

Paolo Cirio, Obscurity, installazione presso l'instituto ISCP di New York e il MIT Museum di Boston, 2017

Per una libera circolazione della conoscenza: *Amazon Noir* e *DailyPaywall*

Oltre a battersi per la protezione delle informazioni delle persone dai trattamenti illeciti e dagli abusi da parte di governi, istituzioni, aziende e enti pubblici e privati, Cirio è interessato anche ad affrontare la questione di come l'informazione propriamente detta, e quindi, più in generale, la conoscenza, circoli e si diffonda su internet, esplorandone i limiti intrinseci e le potenzialità.

Nel testo *Aesthetics of Information Ethics*, Cirio spiega che: "I sistemi di informazione dovrebbero essere intesi come reti interconnesse di sistemi sociali in cui la critica e l'intervento hanno il potenziale di riverberarsi nell'intera rete di networks, influenzando di conseguenza una varietà di convenzioni, entità e individui che sono inevitabilmente connessi".[8] L'artista sostiene con fermezza l'importanza del ruolo che l'arte può e deve acquisire nel processo di creazione di consapevolezza e riflessione su difficili questioni etiche, con il vantaggio di poterle rendere coinvolgenti per un vasto pubblico.

Uno degli esempi di questo sforzo verso un'etica dell'informazione e della libera condivisione della conoscenza è riscontrabile nell'opera-performance *Amazon Noir*, realizzata nel 2006.[9] Il progetto è parte della *Hacking Monopolism Trilogy*, una trilogia di opere in cui l'artista sfrutta le vulnerabilità tecniche ed economiche delle principali internet companies – Google, Amazon e Facebook – riconfigurando il modo in cui queste raccolgono, si appropriano indebitamente e monetizzano grandi quantità di informazioni e interazioni degli utenti. Tutti e tre i lavori condividono una metodologia e una strategia comune: da un lato, vengono utilizzati software programmati appositamente per rivolgersi a tre delle più grandi società online, impiegando dei veri hack per sconvolgerne i modelli di marketing ed economici, dall'altro acquistano la forma della performance online creata attraverso lo sfruttamento delle vulnerabilità interne alle piattaforme dei giganti di internet.

Nel caso di *Amazon Noir*, Cirio ha eluso le protezioni del copyright di Amazon.com attraverso un sofisticato hack del servizio "Cerca all'interno". Centinaia di volumi digitali completi, sottratti all'e-commerce tra l'aprile e l'ottobre del 2006, sono stati poi riassemblati in formato pdf e ridistribuiti gratuitamente tramite varie piattaforme peer-to-peer. Come si intuirà, un'operazione di questo genere ha, fin da subito, catalizzato l'attenzione della stampa e dei media in generale, specialmente in un momento storico in cui gli editori tradizionali iniziavano a persuadersi della necessità di digitalizzare e consegnare le loro pubblicazioni ad Amazon. L'ampia copertura mediatica generata dal progetto e fomentata dagli artisti stessi, ha provocato una reazione bizzarra da parte dell'internet company, che ha totalmente negato sia l'hacking che la sua vulnerabilità. *Amazon Noir*, come opera concettuale, tratta il tema della criminalizzazione della pirateria, integrandolo con quello relativo alla libera circolazione e accesso alla conoscenza, nel fare ciò, non può sottrarsi ad affrontare le leggi sul copyright e sul fair-use all'interno dell'economia digitale e dei monopoli dell'informazione.

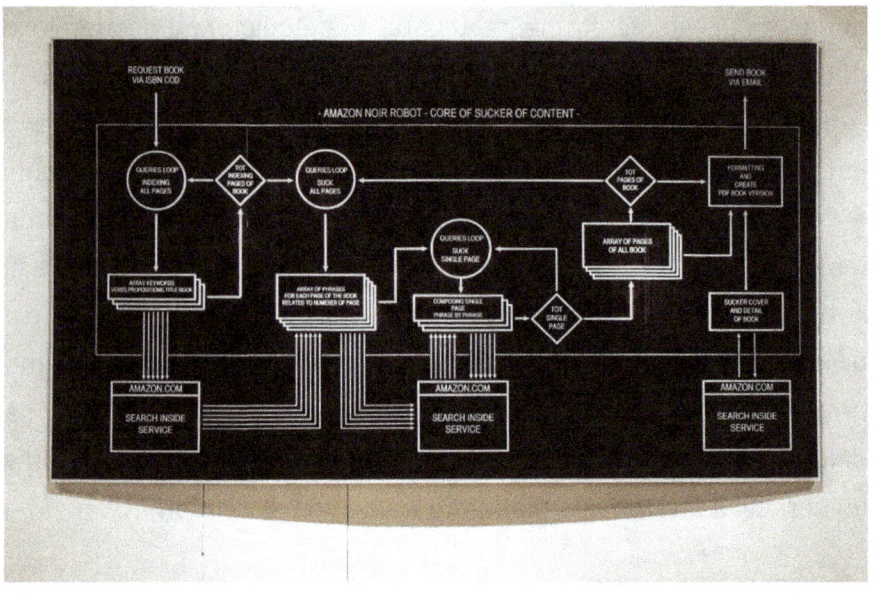

Paolo Cirio, installazione di Amazon Noir per Hacking Monopolism Trilogy presso il museo China Academy of Art, Hangzhou, 2016.

L'interesse di Paolo Cirio rispetto alla necessità di una libera condivisione della conoscenza per la realizzazione di una vera società democratica che richiede, per definizione, un pubblico informato, si manifesta in un altro progetto realizzato nel 2014 e intitolato *Daily Paywall*.

Come nel caso precedente, anche questa volta l'artista sottrae qualcosa: più di sessantamila articoli dai siti di Wall Street Journal,

Financial Times e The Economist, durante tutto l'arco dell'anno 2014. Dopo aver sottoscritto l'abbonamento alle suddette testate, l'artista ha creato uno script che estraeva automaticamente gli articoli pay-per-view da questi siti e li ripubblicava sul sito DailyPaywall.com in forma gratuita; Cirio ha inoltre ideato un modello di business alternativo, circolare e democratico, proponendo un sistema di crowdfunding con cui retribuire non solo i giornalisti, ma anche i lettori, che potevano ottenere un dollaro dopo aver risposto correttamente a una sorta di quiz riguardo gli articoli di cui avevano usufruito. Oltre ai sessantamila articoli disponibili sul sito web, mille copie cartacee di *Daily Paywall* sono state distribuite gratuitamente presso edicole e librerie in giro per New York.

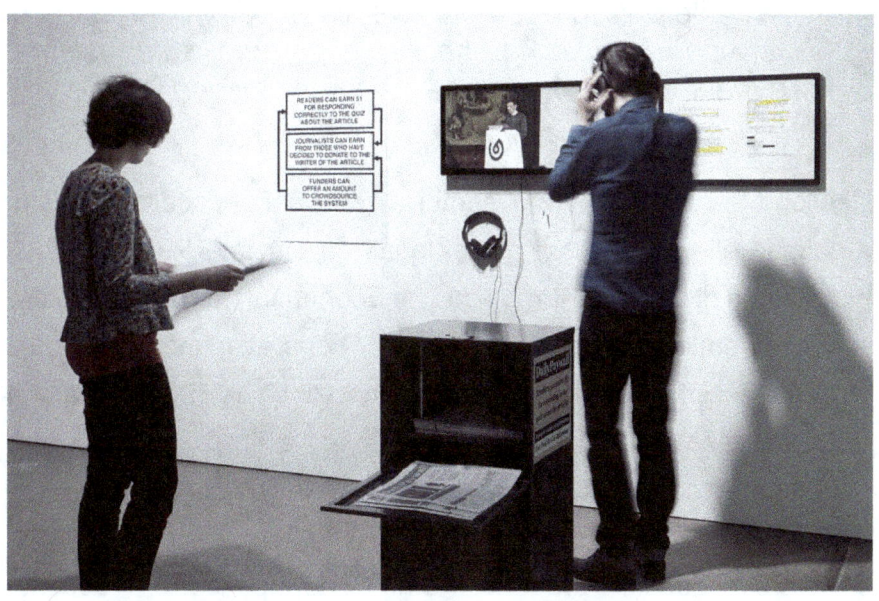

Paolo Cirio, Daily Paywall, presso il museo HeK, Basel, 2017

Anche in questo caso, i temi della visibilità e della materialità tornano con forza nell'opera di Cirio, che, oltre ad avere un'idea ben precisa di cosa sia, dal suo punto di vista, la "materialità di internet", si dissocia da molta della net art contemporanea. A questo riguardo Cirio spiega:

> *Molte retoriche che parlano della materialità di internet, soprattutto nell'arte, finiscono per trasformare il gatto di un meme in una scultura, o per stampare un emoji, ad esempio. Ma, per me, la materialità di internet si manifesta nel modo in cui il network diventa tanto pervasivo da influenzare e cambiare le dinamiche dei governi,della finanza, delle relazioni sociali. Cerco di non essere associato ad altri artisti di internet proprio perché c'è l'idea che la rete sia questo magma in cui ci sono i gattini, gli hacker e gli emoji tutti insieme. Questo non è l'internet a cui io mi riferisco.[6]*

L'epilogo di *Daily Paywall* sembrava dovesse essere infausto, a causa delle minacce di azioni legali da parte di Pearson PLC, proprietaria di Financial Times ed The Economist (nonché maggiore società di editoria e istruzione al mondo) che avevano portato alla chiusura del sito. Fortunatamente un anno dopo, nel 2015, Pearson PLC ha venduto entrambe le testate di cui era in possesso, permettendo così la riapertura di DailyPaywall.com.

Attraverso questo progetto, Cirio intende porre l'accento sull'importanza del libero accesso alle informazioni, in particolare quelle di carattere economico e finanziario, che sono maggiormente in grado di influenzare la vita e il futuro delle persone e che, nella società contemporanea, vengono detenute e distribuite da aziende for-profit che difficilmente potrebbero far prevalere l'interesse sociale al profitto. *Daily Paywall*, oltre a sostenere un accesso ai contenuti che sia più libero, orizzontale e democratico, intende lanciare una provocazione rispetto al flusso di capitale unidirezionale che caratterizza l'attuale economia dell'informazione; questo scopo viene perseguito incentivando gli individui a leggere, assorbire, recepire e poi rispondere ad articoli che espongono difetti di aziende, governi e istituzioni.

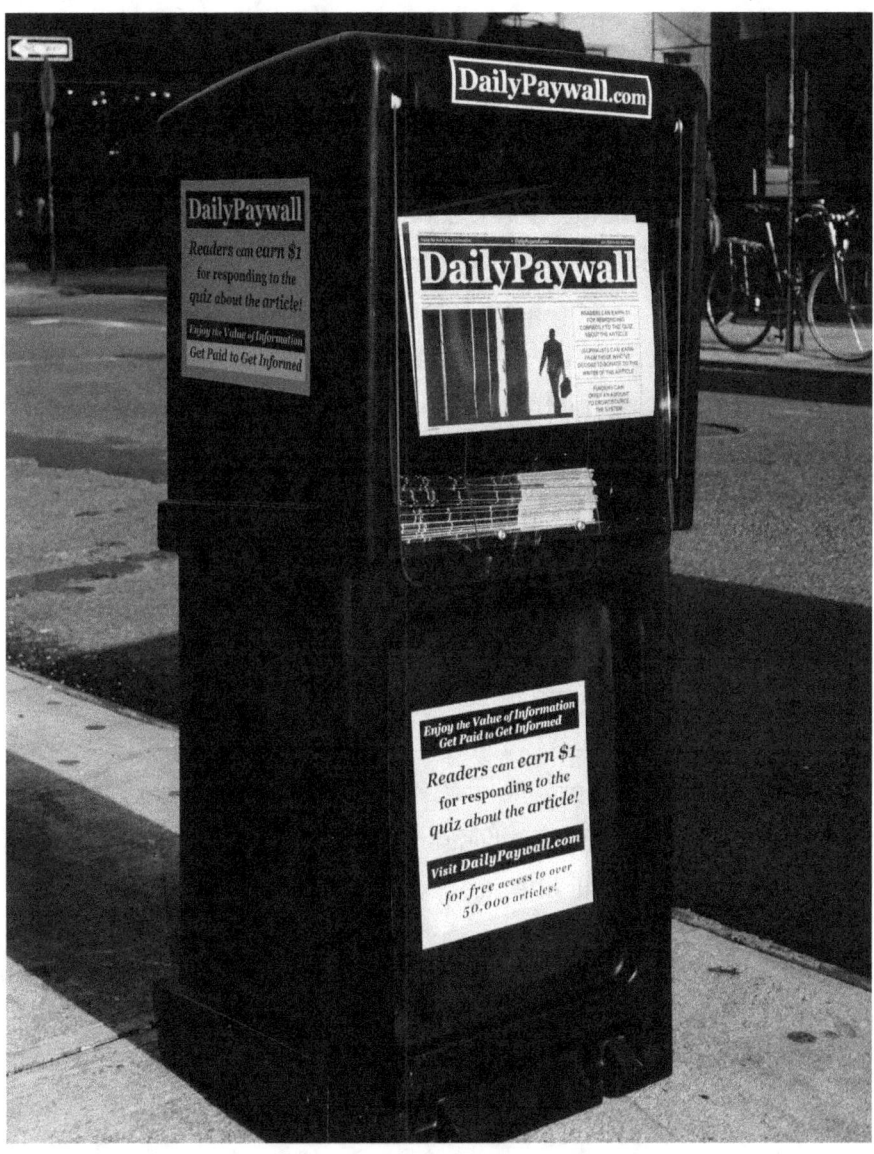

Paolo Cirio, distribuzione copie di Daily Paywall, New York City, 2014

Sociality: tecnologie per il controllo e la manipolazione sociale

L'ultima sfida intrapresa da Paolo Cirio esplora il campo molto vasto delle nuove tecnologie dell'informazione e della comunicazione che, in molti modi, esercitano un'influenza negativa sulla società e sugli individui che la compongono. Nello specifico *Sociality*, progetto lanciato nell'ottobre del 2018, raccoglie più di ventimila brevetti, creati tra il 1998 e il 2018, che presentano invenzioni e strumenti tecnologici, in particolare piattaforme online, interfacce, algoritmi e dispositivi che, non solo consentono, ma in molti casi concorrono ad aumentare la discriminazione, la sorveglianza e in generale la manipolazione e il controllo sociale in gioco su internet. A livello concreto, il progetto si articola in un sito web interattivo in cui l'artista ha raccolto e valutato le invenzioni presentate agli uffici brevetti, invitando il pubblico a condividere, segnalare o vietare i sistemi di monitoraggio e manipolazione dei comportamenti sociali.

Durante la presentazione nelle mostre, il pubblico si confronta con installazioni su larga scala con immagini di diagrammi di flusso che invocano in modo astratto la complessità delle tecnologie atte a "programmare" le persone e i loro comportamenti.

Un'opera di questo tipo, nonostante l'approccio dichiaratamente concettuale, ha il pregio di avvicinare un pubblico vasto e variegato a problematiche sociali che, troppo spesso, vengono nascoste da segreti commerciali o, più semplicemente, dall'uso di un linguaggio iper-tecnologico, infarcito di tecnicismi e terminologie oscure.

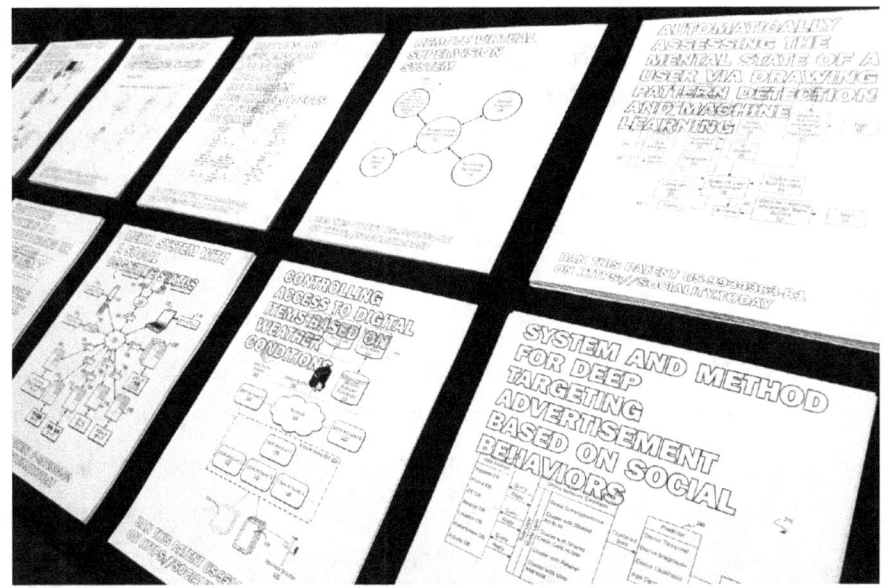

Paolo Cirio, Sociality, dettaglio, 2018

L'artista adotta una forma documentaristica per la realizzazione di *Sociality*, ponendosi l'ambizioso obiettivo di far luce sui meccanismi contemporanei del controllo sociale, mostrando prove di complessi sistemi tecnologici e del ruolo che questi ricoprono nel facilitare la manipolazione della psiche e dei comportamenti umani. Nelle parole di Paolo Cirio:

> *La nostra generazione è cresciuta conoscendo bene l'influenza dei mass media come la televisione, la radio o i giornali. Persino a scuola – o almeno nelle scuole europee – ci è stato insegnato di fare particolarmente attenzione e assumere un atteggiamento critico rispetto alle comunicazioni che passano attraverso i mezzi di comunicazione di massa. Oggi, però, non c'è alcun tipo di cultura o educazione rispetto a strumenti come i social network, gli smartphone, l'intelligenza artificiale, né, tantomeno, rispetto alle tecniche specifiche che ne derivano, come il data mining,*

i mind sensors o gli algoritmi, nonostante questi strumenti siano decisamente più potenti, pervasivi e manipolativi. Il mio obiettivo con questo progetto, quindi, è sensibilizzare il maggior numero di persone possibile rispetto a tematiche che, nonostante la loro importanza, sono conosciute pochissimo; direi che ha quasi una funzione educativa.

Le intenzioni di Cirio, comunque, non si limitano ad aumentare la supervisione e la consapevolezza pubblica rispetto agli apparati e i dispositivi responsabili del controllo e della manipolazione dei rapporti sociali. L'approccio neo-strutturalista alla pratica artistica di Cirio, evidenziato anche da Manghani,[12] aiuta a comprendere cosa significhi costruire e portare avanti una critica delle attuali e onnipresenti strutture algoritmiche proprie della società contemporanea. Con questo progetto, ad esempio, l'artista mira ad ispirare una regolamentazione simile a quella adottata per le invenzioni potenzialmente pericolose in campi come la chimica o la biologia. Nel testo di inquadramento teorico che accompagna l'opera, l'autore afferma:

Quest'opera d'arte interviene ricercando la responsabilità nella creazione e nelle implementazioni non etiche relative a intelligenza artificiale, user experience e progettazione dell'interfaccia, data mining, monitoraggio della rete, mind sensors e algoritmi. Queste tecnologie dovrebbero essere gestite e regolamentate come in analoghi sviluppi in chimica, biologia e genetica. In quanto tale, il divieto di invenzioni tossiche e pericolose dovrebbe estendersi alla tecnologia dell'informazione.[13]

Così, Cirio auspica e tenta di dare avvio a un vero cambiamento strutturale nella regolamentazione delle tecnologie socialmente dannose. Per perseguire questo obiettivo, come spesso accade nei suoi progetti, adotta un approccio bottom-up: coinvolge ed invita il pubblico a segnalare o vietare i brevetti tramite il sito interattivo Sociality.today, poi invia la documentazione raccolta a legislatori, accademici, attivisti e giornalisti, ossia tutte quelle figure che possano agire attivamente e concretamente per sostenere la regolamentazione e il potenziale divieto delle tecnologie esaminate. Poco più avanti, nel testo critico, Cirio spiega:

> Regoliamo il settore finanziario, controlliamo ed equilibriamo il governo, vietiamo la vendita di armi e prodotti chimici tossici. Poiché la tecnologia dell'informazione incide pericolosamente sulla società, dobbiamo anche regolamentare le piattaforme, sia quelle centralizzate che quelle decentralizzate, le infrastrutture e le interfacce con politiche inventive, restrittive e riflessive.[14]

Con queste premesse, Cirio, intende sottolineare il ruolo che l'arte critica può assumere nel tentativo di spiegare le conseguenze sociali – intenzionali e non intenzionali – causate dal tecnoliberismo imperante. È in questo senso che Cirio propone di adoperare la *Regulatory Art*, ossia la pratica di affrontare e indagare, attraverso la produzione artistica, sulle normative della società contemporanea, in modo che gli artisti possano impegnarsi in proposte creative, critiche e dinamiche rispetto alla governance.

Cirio, nei suoi lavori, come più volte sottolineato, insiste sul tema della visibilità – o meglio dell'invisibilità – che caratterizza i device e gli strumenti della società attuale, affidando all'arte il compito di squarciare il "velo di Maya" che impedisce agli individui di vedere e comprendere la realtà. Nelle sue parole:

> *Non sono un programmatore o un hacker di altissimi livelli, ma per me non è tanto importante la tecnica, quanto piuttosto far emergere le questioni sociali, e a questo ci arrivo anche senza competenze informatiche elevatissime perché spesso, il punto della questione, è proprio lì sotto i nostri occhi – e questo si lega anche al tema della visibilità. A volte certe problematiche sembrano invisibili o troppo complicate, ma in realtà sono molto semplici, già presenti e visibili, solo che non c'è stata una decodificazione adeguata.*
>
> *Spesso il motivo è che si tratta di strumenti nuovi, a cui non siamo abituati, e di conseguenza la creatività diventa fondamentale per decodificarli. Spesso alcuni temi sono proprio di fronte a noi, ma non gli abbiamo mai dato l'attenzione giusta. Per esempio, i brevetti: sono dati pubblici, non svelo nulla di segreto o riservato, ma mettendoli insieme e presentandoli in modo accattivante diventano più facilmente decodificabili e ci danno una visione più completa della realtà attuale e delle sue dinamiche.[15]*

L'attività artistica di Paolo Cirio rappresenta un esempio particolarmente riuscito della tendenza caratteristica dell'arte contemporanea ad utilizzare il dispositivo artistico in quanto contro-discorso orientato a rivelare l'opacità strutturale delle tecniche di osservazione e dei processi di rappresentazione che manipolano la realtà sociale, traducendola nel territorio della visibilità artistica – trasferendola quindi entro i confini dell'esperienza estetica e discutendone le sue regole e i sui linguaggi.

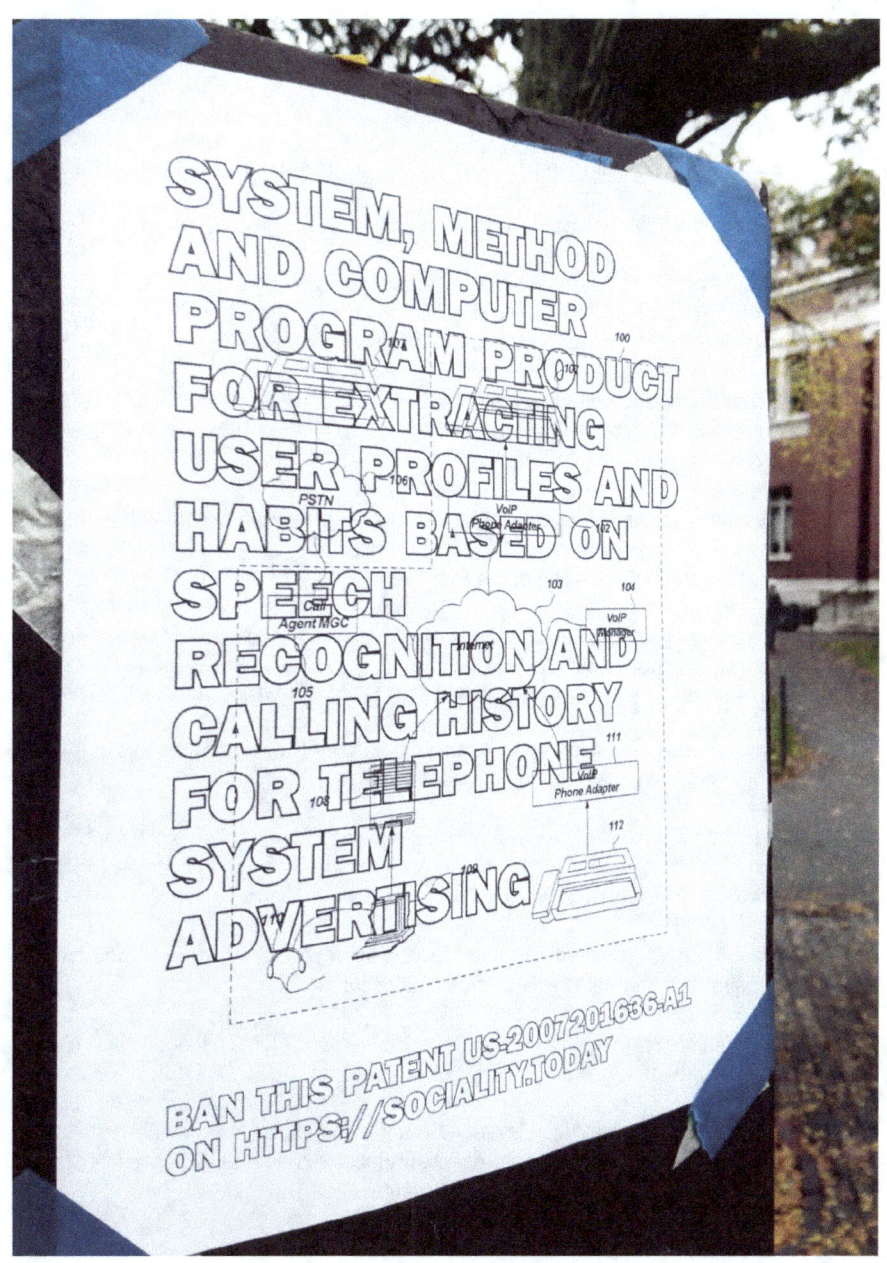

Paolo Cirio, Sociality, dettaglio intervento a Harvard, Boston, 2018

Note:

1. Bazzichelli, T., Paolo Cirio. Quando il furto diventa arte, Digicult, reperibile online all'indirizzo
   http://digicult.it/it/hacktivism/paolo-cirio-when-stealing-becomes-art/

2. L'estratto è tratto dall'intervista con l'artista condotta da chi scrive ai fini compilativi e ricercativi della presente trattazione. Paolo Cirio è stato intervistato in data 1 novembre 2018 presso Artissima Fair, a Torino.

3. L'estratto è tratto dall'intervista con l'artista condotta da chi scrive ai fini compilativi e ricercativi della presente trattazione. Paolo Cirio è stato intervistato in data 1 novembre 2018 presso Artissima Fair, a Torino.

4. Gli ufficiali dell'intelligence protagonisti del progetto sono: Keith Alexander, John Brennan, Michael Hayden, Michael Rogers, James Comey, James Clapper, David Petraus, Caitlin Hayden e Avril Haines

5. Sterling, B. (2015), The street finds its own uses. Critical text for Overexposed series. Reperibile online all'indirizzo
   https://paolocirio.net/press/texts/text_overexposed-sterling.php

6. I siti in questione sono: Jail.us, Usinq.us, MugShots.us, JustMugshots.us, MugshotsOnline.us e BustedMugshots.us

7. L'estratto è tratto dall'intervista con l'artista condotta da chi scrive ai fini compilativi e ricercativi della presente trattazione. Paolo Cirio è stato intervistato in data 1 novembre 2018 presso Artissima Fair, a Torino.

8. Cirio, P. (2017), Aeshetics of Information Ethics, reperibile online all'indirizzo
   https://paolocirio.net/press/texts/aesthetics-information-ethics.php

9. Il progetto è stato realizzato in collaborazione con l'artista e teorico italiano Alessandro Ludovico e il collettivo ubermorgen

10. L'estratto è tratto dall'intervista con l'artista condotta da chi scrive ai fini compilativi e ricercativi della presente trattazione. Paolo Cirio è stato intervistato in data 1 novembre 2018 presso Artissima Fair, a Torino.

11. L'estratto è tratto dall'intervista con l'artista condotta da chi scrive ai fini compilativi e ricercativi della presente trattazione. Paolo Cirio è stato intervistato in data 1 novembre 2018 presso Artissima Fair, a Torino.

12. Manghani, S., (2017), The Art of Paolo Cirio: Exposing New Myths of Big Data Structures, Theory, Culture & Society, vol. 34, n. 7-8, pp. 197-214.

13. Cirio, P., (2018), Theoretical text about Sociality, reperibile online all'indirizzo
    https://paolocirio.net/press/texts/text_sociality.php

14. Ibidem

15. L'estratto è tratto dall'intervista con l'artista condotta da chi scrive ai fini compilativi e ricercativi della presente trattazione. Paolo Cirio è stato intervistato in data 1 novembre 2018 presso Artissima Fair, a Torino.

COMUNE DI NAPOLI
Assessorato alla Cultura e al Turismo

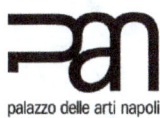
palazzo delle arti napoli

Paolo Cirio
Information Critique
A cura di Marina Guida
PAN | Palazzo delle Arti di Napoli
4 luglio – 22 agosto 2020

Sindaco

Luigi de Magistris

Assessore alla Cultura e al Turismo

Eleonora de Majo

Assessorato alla Cultura e al Turismo

Dolores Anselmi

Martina Caldo

Rachele Pennetta

Maria Luisa Vacca

Ciro Della Neve

Mariarosaria Paesano

Franco Rinaldi

Area Cultura e Turismo

Servizio Cultura

Gerarda Vaccaro

PAN | Palazzo delle Arti di Napoli

Responsabile Grandi Mostre e Convegni

e Area Amministrativa

Francesca Doria

Area Tecnico-Economica

Salvatore Riccardi

Servizi Museali

Napoli Servizi s.p.a.

Grafica Catalogo

Francesca Bicego

Ufficio Stampa

AnnaChiara Della Corte

Organizzazione

Galleria Giorgio Persano - Torino

giorgiopersano

Galleria NOME - Berlino

NOME

RINGRAZIAMENTI

Produttori e Prestatori
Luca Barbeni,
Giorgio Persano,
Francesca Persano.

Produzione
Galleria Giorgio Persano e NOME.

Fabbricazione
Mario Accornero,
Colorlife.

Fotografie
Nicola Morittu,
Pixolar Lara E. Tompa,
Studio Paolo Cirio.

Traduzioni
Lucian Comoy.

Comunicazione
AnnaChiara Della Corte,
Francesca Disconzi,
Silvia Barolo.

Assistenza
Olga Boiocchi,
Giulia Baldussi,
Priscilla Sorvillo,
Francesca Bicego.

Curatrice
Marina Guida.

Inspiratori
Scott Lash, Paul Virilio.

Scrittori
Marina Guida,
Bruce Sterling,
Valentino Catricalà,
Irene Calderoni,
Francesca Sironi,
Filippo Lorenzin,
Andrea Tinterri,
Martina Giuffrè.

ISBN: 978-1-71683-921-4

9781716839214

www.ingramcontent.com/pod-product-compliance
Lightning Source LLC
Chambersburg PA
CBHW070356220526
45467CB00001B/396